ars vivendi

Barbara Dicker
Hans Kurz

Das Weinkochbuch

ars vivendi

Originalausgabe

1. Auflage September 2013
© 2013 by ars vivendi verlag
GmbH & Co. KG, Cadolzburg
Alle Rechte vorbehalten
www.arsvivendi.com

Lektorat: Madeleine Winter
Umschlaggestaltung: Annina Himpel
Innengestaltung: Annina Himpel
Druck: Werbedruck GmbH Horst Schreckhase,
Spangenberg
Printed in Germany

ISBN 978-3-86913-280-8

Das Weinkoch- buch

Inhaltsverzeichnis

Einleitung

Ein alter Studienfreund erzählte uns einmal beim gemeinsamen Kochen, dass es bei ihm zu Hause Familientradition war, am Silvesterabend Gulasch zu essen. Dafür schnappte sich ein Onkel am Nachmittag drei Flaschen guten Rotwein und verschwand damit in der Küche. Für Stunden durfte keiner rein. Dann wurde das Gulasch aufgetischt. Ein Gedicht. Wie viel vom Wein nun im Essen und wie viel direkt im gut gelaunten Onkel gelandet war, ist nicht überliefert. Das Rezept blieb für immer ein Geheimnis. Darum konnten wir auch leider nicht Das-beste-Gulasch-von-allen in dieses Buch aufnehmen. Aber es gibt hier genügend Rezepte, die es nach unserer und vieler unserer Freunde Meinung locker mit jenem legendären Familienmahl aufnehmen können. Zum Beispiel das Bœuf Bourguignon, das wir an jenem Abend mit dem Freund kochten. Und weil wir einen feinen Beaujolais da hatten, wurde daraus ein Bœufjolais. Mit der Dosierung des Weins hielten wir es damals so: Jeder von uns dreien probierte einen Schluck, und als wir uns darüber einig waren, dass es der Richtige sei, kam der Rest der noch fast vollen Flasche schließlich ins Essen. Wir hatten ja noch eine zweite Flasche von dem guten Wein.

Und damit ist bereits eine Grundfrage angeschnitten: Welcher Wein kommt ins Essen? Es gibt Dogmatiker, die meinen, nur der, den man dazu trinkt. Wir sehen das nicht so starr (und werden dies noch in einem Exkurs später in diesem Buch ausführen). Denn der Kontrapunkt hat oft seine Reize. Etwa mit einem Weißwein zu den Rotweinbarben oder einem Roten zu unseren in Riesling marinierten Kabinett-Stückchen. Zumindest der männliche Teil des Autorenduos trinkt gerne mal ein Bier zum Weingericht. In unserem Bierkochbuch haben wir schließlich auch ab und zu einen Wein als Begleiter zum Essen empfohlen, und bei den Testessen zu unserem Schnapskochbuch stand nie eine Flasche vom Hochprozentigen auf dem Tisch – höchstens hinterher.

Überhaupt ist die Weinvielfalt ja so groß, dass wir nur in einem Teil der Rezepte eine klare Vorgabe machen. Nämlich dort, wo wir von den Ergebnissen selbst so begeistert waren, dass wir sagten:

Genau der muss es sein. Und dort, wo uns ein Wortspiel auf die Spur des passenden Weins führte, zum Beispiel bei Penne Primitivo und Barolo-Buletten oder Muskateller-sülze und Sanddornfelder-Creme. Mit der allgemeinen Empfehlung Rotwein oder Weißwein wollen wir der Kreativität der Köche freien Lauf lassen.

Kreativität – das heißt für uns auch, dass wir nicht nur Klassiker der Schmorbratenküche auftischen. Natürlich dürfen ein paar Standards wie der Coq au Vin, das Fondue oder Muscheln in Weißwein nicht fehlen. Wein kann aber viel mehr, als nur Sud und Saucen veredeln. So haben wir mit ihm Pestos kreiert, die durch seine Säure einen Extra-Schuss Frische und Leichtigkeit gewinnen. Gar nicht erstaunt hat uns nach den Dressing-Experimenten in unserem Bier- und unserem Schnapskochbuch, dass auch Wein an Salat und Rohkost viel Freude macht. Und wir fanden heraus, dass ein guter Rebensaft sogar Speisen wie Pizza und Pommes, die ganz und gar nicht als Gourmetlieblinge bekannt sind, adeln kann. Da die heiße Phase des Weinkochens in den Winter fiel, probierten wir gleich noch ein paar Wei(h)nnachtsplätzchen aus. Wein ist – das wurde uns bei all diesen Herd-Experimenten und Rezeptierereien schnell klar – eine Zutat, die bekannten Gerichten neue Nuancen verleihen, Schweres leichter und Süßes spritziger machen kann. Nur ein Wermutstropfen fiel in unseren Weinkocher-Kelch: Irgendwie waren die Flaschen, mit denen wir drei oder vier Rezepte ausprobieren wollten, immer schon nach zweien komplett leer. Muss an der Verdunstung liegen.

Die Rezepte in diesem Buch sind in der Regel für vier Personen ausgelegt. Die Spannbreite, wie viel vier Menschen tatsächlich essen, ist natürlich sehr groß. Und unter einer Prise Salz versteht auch jeder was anderes. Alle Mengenangaben haben wir nach bestem Wissen und Gewissen formuliert – und wurden dabei sicher auch von unserem eigenen aktuellen Appetit geleitet. Wenn also mal was übrig bleibt, weil's einfach zu viel war, können wir dafür keine Haftung übernehmen. Wenn aber alles restlos aufgegessen wird, wenn es sogar noch etwas mehr hätte sein dürfen, weil es gar so gut geschmeckt hat, dann ist das ganz im Sinne der Autoren.

Barbara Dicker und Hans Kurz

Hinweis: Alkohol

»Alkohol? Der verkocht doch!«, hört man häufig. Das stimmt jedoch nur bedingt. Zwar hat Trinkalkohol (Ethanol) einen Siedepunkt von 78°C – also weit niedriger als Wasser –, wie viel sich beim Kochen aber wirklich verflüchtigt, hängt sehr stark von der Dauer ab. Bei einer Sauce, die bei offenem Topfdeckel reduziert wird, verdunstet fast der ganze Alkohol. Zurück bleibt nur der – in diesem Fall erwünschte – gute Weingeschmack. Schon bei einer Suppe, die langsam unter geschlossenem Deckel vor sich hin köchelt, sieht es anders aus. Auch beim Backen oder in Teigwaren bleibt mehr drin, als gemeinhin gedacht.

Amerikanische Forscher* haben mal genau nachgemessen und sind unter anderem zu folgenden Ergebnissen gekommen: Beim Backen oder Köcheln sind nach einer Viertelstunde noch 40 % des Alkohols im Essen nachweisbar, nach einer halben Stunde waren es 35 %, nach einer Stunde 25 % und nach zwei Stunden immer noch 10 %. Wenn ein alkoholisches Getränk erst am Ende des Kochvorgangs in eine Suppe oder Sauce gegeben wird, bleiben sogar 85 % des Alkohols erhalten.

Und in diesem Buch wird ja mit Wein nicht nur gekocht. In Salatdressings oder manchen Kaltspeisen bleibt der Alkohol voll erhalten. Allerdings finden sich darin selten Mengen, die über Schnapsglasgröße oder ein bis zwei Esslöffel hinausreichen. Autofahrern empfehlen wir sicherheitshalber dennoch: »Don't eat and drive!« Zumindest sollten sie sich der Alkoholmenge im Essen bewusst sein.

Wer für Kinder oder Menschen mit Alkoholunverträglichkeit kocht, sollte sehr vorsichtig sein. Alkoholfreier Wein oder Traubensaft (für manche Süßspeisen) können eine Alternative sein. Sitzen trockene Alkoholiker mit am Tisch, dann gilt: Ohne Alkohol kochen und sogar auf alkoholfreien Wein verzichten!

*J. Augustin, E. Augustin, R. L. Cutrufelli, S. R. Hagen, C. Teitzel: Alcohol Retention in Food Preparation, in: Journal of the American Dietetic Association, 1992, S. 486–488.

Vorspeisen
und
Kleinigkeiten

Wein-Brandteig-Brötchen

Für unser Bierkochbuch haben wir pikante Windbeutel mit Bier im Teig zubereitet. Als Snack zum Wein passt diese Variante hier besser.

Den Schinken klein schneiden. Den Käse reiben. Den Wein mit der Butter und einer Prise Salz in einem Topf aufkochen lassen.

Das Mehl unter ständigem Rühren nach und nach dazugeben. Wenn sich ein Kloß gebildet hat, der nicht am Topfboden anhaftet, den Topf von der Herdplatte nehmen und nacheinander die Eier, den Schinken und den Käse unterrühren.

Mit einem Esslöffel den Teig portionsweise ausstechen, daraus Klößchen formen und sie auf ein mit Backpapier belegtes Blech setzen. Papier und Blech mit 3 Esslöffeln Wasser befeuchten. Die Brötchen auf der mittleren Schiene des auf 220 °C vorgeheizten Backofens ca. 30 Minuten backen.

Für 16 Brötchen:

100 g roher Schinken
100 g Emmentaler
250 ml Weißwein
70 g Butter
Salz
150 g Mehl
4 Eier

Tipp: Brandteig hasst Zugluft. Deshalb darf man während des Backens nicht die Ofentür öffnen. Und bei Umluft gelingt er auch nicht.

Lauch-Muffins

Den Lauch putzen und in dünne Ringe schneiden. In Öl anbraten, mit Wein ablöschen, noch
2–3 Minuten köcheln lassen und mit Salz und
Pfeffer abschmecken.

Die Butter mit dem Zucker in einer Rührschüssel schaumig schlagen. Dann nach und nach
Eier, Mehl, Backpulver und eine Prise Salz
einrühren. Schließlich den Lauch mitsamt der
Flüssigkeit einarbeiten.

Die Muffinform leicht einfetten und den Teig
hineingeben. Im 180 °C heißen Backofen etwa
20–25 Minuten backen.

Für ca. 18 Muffins:

2 Stangen Lauch
2 EL Öl
100 ml Weißwein
Salz, Pfeffer
100 g Butter
1 TL Zucker
4 Eier
200 g Mehl
1 TL Backpulver
Fett für die Form

Sommeliettes

Bei den kleinen, feinen Weinpfannkuchen sind der Fantasie kaum Grenzen gesetzt. Je nachdem, zu welchem Gericht sie gereicht werden, lassen sich mit der Wahl des Weins und der Zugabe von Kräutern und Gewürzen erstaunliche Geschmackseffekte erzielen. Fürs Grundrezept wählen wir die Gewürztraminer-Variante – da ist schon eine Aromavielfalt vorhanden, die ein zusätzliches Würzen unnötig macht.

Eier, Wein, Milch und Mehl zu einem klumpenfreien Teig verrühren. Mit einer Prise Salz abschmecken. Dann den Teig schaumig rühren. Butter in einer Pfanne erhitzen und den Teig darin portionsweise ausbacken.

Für 4 Personen:

4 Eier
150 ml Wein (z. B. Gewürztraminer)
150 ml Milch
100 g Mehl
Salz
Butter zum Ausbacken

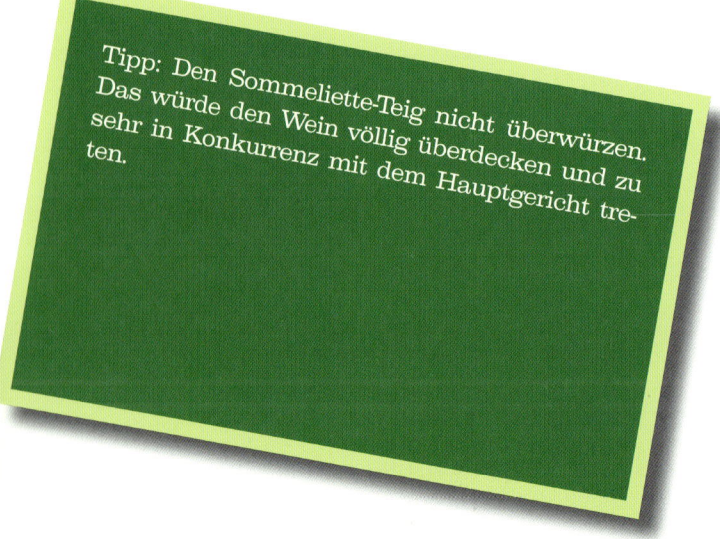

Tipp: Den Sommeliette-Teig nicht überwürzen. Das würde den Wein völlig überdecken und zu sehr in Konkurrenz mit dem Hauptgericht treten.

Yorkshire-Puddings

Keine süße Nachspeise, sondern eine typisch britische Beilage zu Roastbeef oder Steaks. Bei uns ein eigenständiger warmer Snack.

Mehl, Milch, Wein, Eier, Salz und Pfeffer langsam zu einem glatten, flüssigen Teig verrühren.

Eine 12er-Muffinform gut mit Öl bestreichen und im Backofen auf 220 °C erhitzen.

Die Form herausholen, den Teig rasch einfüllen, sofort wieder in den Ofen schieben und ca. 20 Minuten backen.

In der Zwischenzeit den Mozzarella und den Schinken fein würfeln und gut vermengen.

Die Puddings aus dem Ofen holen. In der Mitte sollte eine Vertiefung sein. Diese mit der Mozzarella-Schinken-Mischung füllen, jeweils mit 1 Basilikumblatt garnieren und das Ganze nochmals 5 Minuten in den heißen Ofen schieben.

Für ca. 12 Portionen:

150 g Mehl
100 ml Milch
100 ml Weißwein
2 Eier
Salz, Pfeffer
Öl für die Form
1 Kugel Mozzarella
  (ca. 125 g)
100 g gekochter Schinken
12 Basilikumblätter

Käsetaler

Zum Wein sind sie ein netter Happen – ebenso zum Bier. Ist zur Abwechslung ja auch mal schön.

Die beiden Käsesorten fein reiben und mit Wein, Butter, Mehl und einer Prise Pfeffer zu einem Teig verkneten. Den Teig zu einer ca. 5 cm dicken Rolle formen, diese in Klarsichtfolie einwickeln und mindestens 1 Stunde kühl stellen.

Dann von der Rolle ca. 0,5 cm dicke Scheiben abschneiden und auf ein mit Backpapier belegtes Blech mit etwas Abstand zwischen den einzelnen Talern legen (da sie noch auseinanderlaufen). Die Taler mit grobkörnigem Salz bestreuen. Auf der mittleren Schiene des auf 180 °C vorgeheizten Backofens ca. 7 Minuten hellbraun backen. Warm servieren.

Für 4 Personen:

125 g Appenzeller oder
   Greyerzer
40 g Parmesan
3 EL Rotwein
60 g Butter
85 g Mehl
Pfeffer
grobes Salz

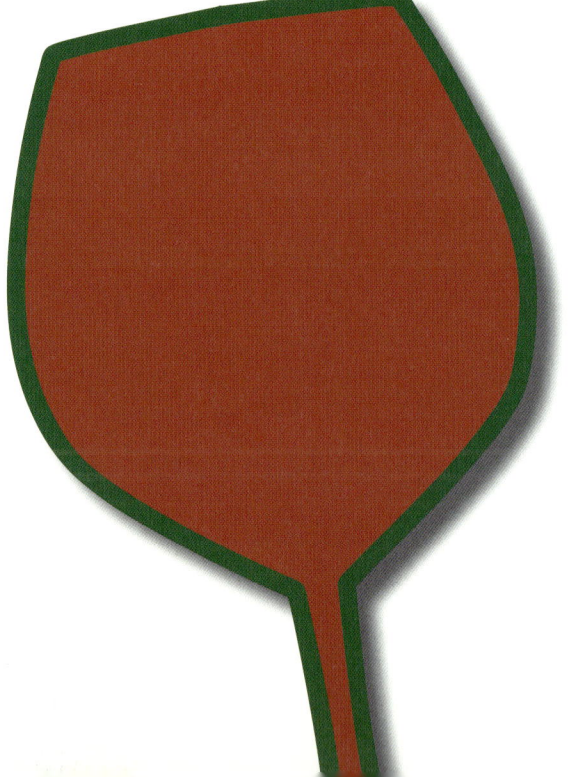

Winzerfladen

Wir wollten mehr Zeit zum Weintrinken haben und wählten deshalb einen fertigen Pizzateig. Am schnellsten geht's mit einem Blechteig aus der Kühltheke.

Die Trauben waschen, abtrocknen und halbieren. Kerne entfernen. Die Walnüsse grob hacken. Den Gorgonzola in kleine Würfel schneiden.

Die Haselnüsse mit dem Wein und der Crème fraîche verrühren, mit Salz und Pfeffer abschmecken. Den Pizzateig auf ein mit Backpapier bedecktes Blech legen und die Nussmischung daraufstreichen.

Den Radicchio waschen, putzen, trocken schleudern und in feine Streifen schneiden. Gorgonzola und Walnüsse gleichmäßig auf dem Teigboden verteilen.

Den Fladen auf der mittleren Schiene des auf 220 °C vorgeheizten Backofens 15–20 Minuten backen. 5 Minuten vor Ende der Garzeit die Trauben auf dem Fladen verteilen. Vor dem Servieren den Radicchio auf den Fladen streuen.

Für 4 Personen:

500 g helle Weintrauben

50 g Walnusskerne

150 g Gorgonzola

100 g gemahlene Haselnüsse

100 ml Weißwein

4 EL Crème fraîche

Salz, Pfeffer

400 g frischer Blech-Pizzateig

150 g Radicchio

Chianti-Ciabatta

Für den vollen Geschmack braucht es vom Wein nicht viel. Es bleibt also genug davon als Begleiter zu diesem sommerlichen Essen.

Die Tomaten mit kochendem Wasser übergießen, häuten und würfeln, Flüssigkeit und Kerne entfernen. Die Zwiebeln schälen und in dünne Ringe schneiden.

Das Ciabatta aufschneiden, beide Hälften mit Olivenöl beträufeln und gleichmäßig mit den Tomatenstücken und Zwiebelringen belegen. Eine Prise Salz darüberstreuen.

Oregano- und Rosmarinblätter hacken und darüberstreuen. Den frisch geriebenen Käse mit dem Wein vermischen und über den belegten Broten verteilen.

Das Ciabatta nach Vorgabe im Backofen aufbacken.

Für 4 Personen:

6 Roma- oder Flaschen-
  tomaten
2 Zwiebeln
1 Ciabatta (zum Auf-
  backen)
1 EL Olivenöl
1 Prise Salz
1 EL frische Oregano-
  blätter
1 kleiner Zweig Rosmarin
100 g frisch geriebener
  Pecorino
50 ml Chianti

Schweizer Dreikäsehoch

Wir haben's mit einem feinen Fendant gemacht. Weil dieser typische Schweizer Weißwein aber nicht überall zu bekommen ist – ebenso wie die deutsche Variante Gutedel –, darf's auch ein anderer fruchtiger Weißer sein.

Den Käse mundgerecht würfeln. Die Paprika waschen, entkernen und ebenfalls in kleine Würfel schneiden.

Aus Öl, Wein und Zitronensaft das Dressing anrühren und über den Käse gießen. Bei Bedarf mit Salz, Pfeffer und/oder Zucker abschmecken.

Für 4 Personen:

200 g Appenzeller
200 g Greyerzer
200 g Emmentaler
1 grüne Paprika
1 rote Paprika
3–4 EL Olivenöl
3–4 EL Weißwein
1 TL Zitronensaft
evtl. Salz, Pfeffer, Zucker

Winzertoast

Den Käse klein schneiden. Käse, Wein und Senf in einem Topf unter ständigem Rühren erhitzen und zu einer glatten Creme verarbeiten.
Das Brot vortoasten, mit der Käse-Wein-Creme bestreichen und für 3–4 Minuten in den auf 220 °C vorgeheizten Backofen schieben.

Für 4 Personen:

200 g Greyerzer
100 ml Weißwein
1 EL grobkörniger Dijonsenf
8 Scheiben Toastbrot

Südtiroler Speckbrötchen

Speck, Käse und Brot – Südtirol steht für herzhafte Spezialitäten. Und der Wein ist schon lange nicht mehr das billige Massenprodukt der 1960er- und 70er-Jahre.

Die Vinschgauer aufschneiden.
Den Speck in schmale Streifen und den Käse in kleine Würfel schneiden.
Speck ohne Öl in einer Pfanne erhitzen, bis er das Fett auslässt.
Dann die Käsewürfel dazugeben. Ständig rühren, damit nichts anklebt oder anbrennt. Sobald der Käse zu schmelzen beginnt, den Wein dazugießen. Weiterrühren, bis eine cremige Masse entsteht. Mit Pfeffer abschmecken.
Die Brötchenhälften mit der Käse-Speck-Masse bestreichen und im 180 °C heißen Ofen ca. 10 Minuten überbacken.

Für 4 Personen:

4 Vinschgauer (zum Fertigbacken)
100 g Südtiroler Speck
100 g Bergkäse
100 ml Grauvernatsch
Pfeffer

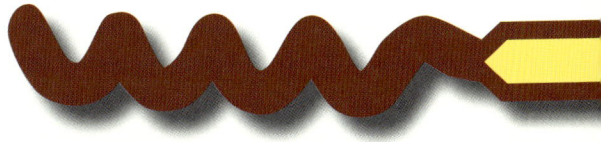

Frühlingsrollen

... sind bei uns Pfannkuchen mit asiatischem Touch. Zwar versucht China auch auf dem Wein-Weltmarkt Fuß zu fassen, wir setzen aber auf ein einheimisches Gewächs.

Mehl, Sojamilch, Wein und Eier mit Sesamöl und einer Prise Salz zu einem flüssigen, klumpenfreien Teig verrühren. 1 Stunde stehen lassen.

Die Pilze putzen und klein schneiden, die Sojasprossen waschen und abtropfen lassen. Die Pilze in Erdnussöl ca. 6 Minuten braten, zum Schluss die Sprossen für 1–2 Minuten untermengen, die Sojasauce dazugeben und beiseitestellen.

Aus dem Teig dünne Pfannkuchen in Erdnussöl ausbacken.

Die Frühlingszwiebeln putzen, waschen und in dünne Ringe schneiden.

Die fertigen Pfannkuchen mit den Pilzen und Sprossen belegen, die Frühlingszwiebeln darüberstreuen und aufrollen.

Dieses Essen ist als kalter bis lauwarmer Snack gedacht, schmeckt aber auch warm hervorragend. Dazu hält man die Füllung und die Pfannkuchen einfach im Ofen warm, bis alle Portionen fertig sind.

Für 6–8 Personen:

250 g Mehl
300 ml Sojamilch
200 ml trockener
   Silvaner
3 Eier
1 EL Sesamöl
Salz
200 g frische Shiitake-
   Pilze
100 g Sojasprossen
Erdnussöl zum Braten
2 EL Sojasauce
1 Bund Frühlings-
   zwiebeln

Tipp: In einer kleinen Pfanne kleine Pfannkuchen zu backen, macht zwar mehr Arbeit. Dadurch hat man dann aber ein prima kaltes Fingerfood, das man zusätzlich nochmals in Sojasauce tunken kann.

Barolo-Buletten

Nein, der edle Wein in dem einfachen Hack-fleischbratling ist keine Vergeudung! Es darf aber auch ein anderer schwerer Rotwein sein, der die Bulette adelt.

Das Brötchen in Wein einweichen, dabei mehrfach wenden. Das Brötchen gut ausdrücken und über dem Fleisch zerrupfen.
Die Zwiebel schälen, sehr fein schneiden und dazugeben. Dann das Ei, Salz und Pfeffer und schließlich den Wein hinzufügen. Alles gut zu einem Teig verkneten. Ist er zu feucht, hilft etwas Mehl. Aus der Masse flache Buletten in der gewünschten Größe formen.
Dann von beiden Seiten jeweils etwa 4–5 Minuten in heißem Öl anbraten.

Wir empfehlen dazu unseren Kartoffelsalat Chablis (siehe Seite 50).

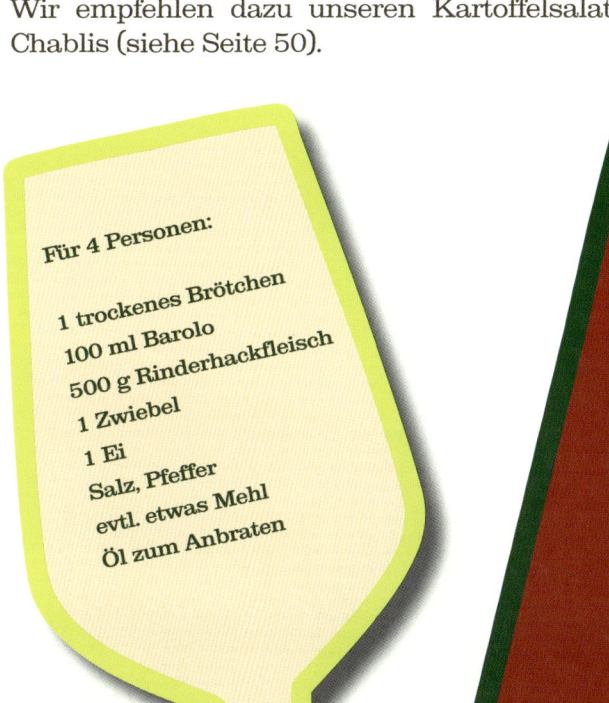

Für 4 Personen:

1 trockenes Brötchen
100 ml Barolo
500 g Rinderhackfleisch
1 Zwiebel
1 Ei
Salz, Pfeffer
evtl. etwas Mehl
Öl zum Anbraten

Dominasteine

In Bamberg gibt's den Domino-Club »Welt-frieden«, der von unserem Freund Johannes gegründet wurde. Ihm widmen wir dieses Rezept.

Die Gelatine in kaltem Wasser einweichen. Den Wein auf maximal 70 °C erwärmen. Die Gelatine aus dem Wasser nehmen, auspressen und im warmen Wein auflösen.
3 flache Formen (idealerweise so groß wie die Brotscheiben) mit Frischhaltefolie auslegen und die noch flüssige Weinmasse gleichmäßig darauf verteilen. In den Kühlschrank stellen, bis sich ein festes Gelee gebildet hat. Das kann 2 Stunden dauern.
3 Scheiben Brot nebeneinanderlegen. Jeweils mit Bergkäsescheiben und einer weiteren Scheibe Pumpernickel belegen. Das Weingelee aus den Formen heben und drauflegen.
Die Pfefferkörner grob zerstoßen und mit dem Frischkäse mischen. Den Frischkäse auf das Gelee streichen und mit einer letzten Scheibe Pumpernickel belegen.
Die Brote mit einem scharfen Messer einmal längs und zweimal quer durchschneiden. Die Würfel mit Zahnstochern fixieren.

Für 18 Häppchen:

5 Blatt weiße Gelatine
200 ml Domina
9 Scheiben Pumpernickel
3 Scheiben Bergkäse (so groß und dick wie die Brotscheiben)
1 TL rote Pfefferkörner
100 g Frischkäse

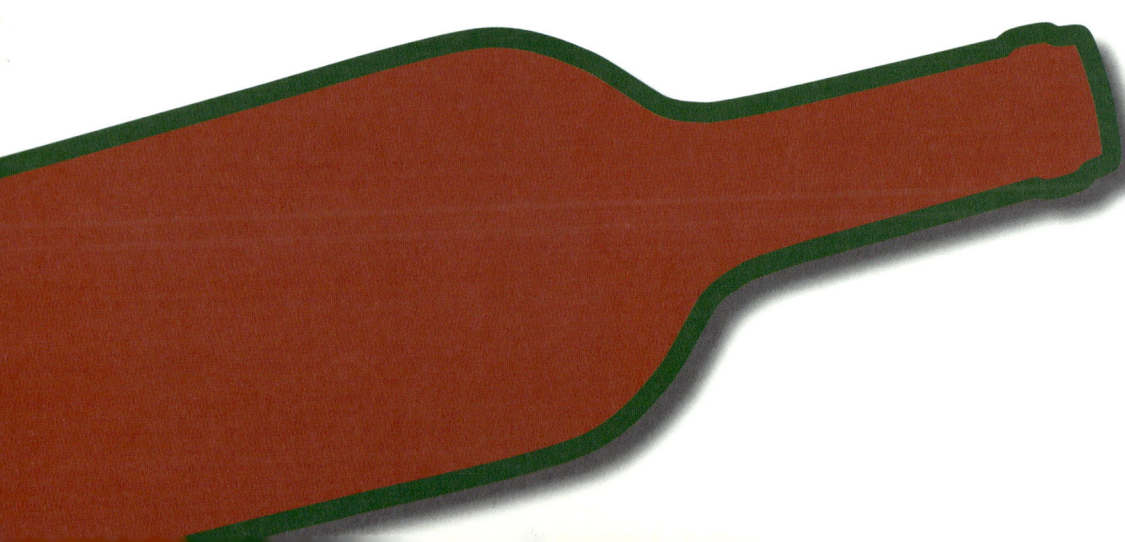

Pommes Rot-Weiß

Selbst gemachte Fritten und dazu Ketchup und Mayo mit dem gewissen Extra.

Die Kartoffeln schälen und der Länge nach in ca. 2 cm dicke Stäbchen schneiden. Die Kartoffeln blanchieren, indem man sie 2–3 Minuten in kochendes Salzwasser gibt. Dann abgießen und gut abtrocknen.

Den Rotwein in den Ketchup rühren, den Weißwein in die Mayo. Bei der Mayonnaise kann es etwas länger dauern, bis eine Creme entsteht; aber mit langsamem, gleichmäßigem Rühren klappt auch das.

Die Pommes in ca. 180 °C heißem Fett goldbraun frittieren.

Für 4 Personen:

800 g große Kartoffeln
  (vorwiegend fest-
  kochend)
Salz
3 EL Rotwein
100 g Ketchup
3 EL Weißwein
100 g Mayonnaise
Frittierfett

Tipp: Wenn sich Wein und Mayo nicht richtig verbinden, ein bisschen milden Senf mit einrühren. Das ist auch geschmacklich eine interessante Variante.

23

Sherry-Datteln im Speckmantel

Eine typisch andalusische Tapa.

Die Mandeln in einer Pfanne ohne Öl goldbraun rösten. Dabei immer wieder umrühren. Aus der Pfanne nehmen und abkühlen lassen. Die Datteln der Länge nach aufschneiden und evtl. vorhandene Kerne entfernen. In jede Dattel jeweils 1 Mandel drücken.

Die Baconstreifen längs halbieren und je einen halben Streifen um eine Dattel wickeln. Mit einem Holzzahnstocher befestigen.

Das Öl in der Pfanne erhitzen und die Datteln darin ca. 3 Minuten rundum anbraten. Mit Sherry übergießen. Die Pfanne rütteln, bis der Sherry verdampft ist.

Für 12 Stück:

12 gehäutete Mandeln
12 getrocknete Datteln
6 Streifen Bacon
1 EL Olivenöl
4 EL Sherry (am besten
  medium)

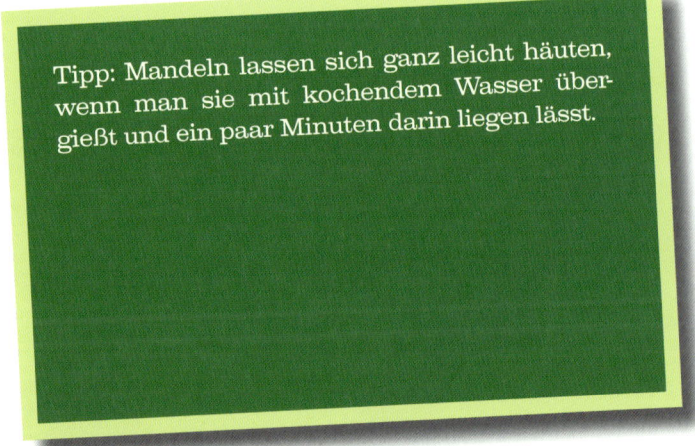

Tipp: Mandeln lassen sich ganz leicht häuten, wenn man sie mit kochendem Wasser übergießt und ein paar Minuten darin liegen lässt.

Salbeihäppchen in Weinteig

Wir können auch anders. Den klassischen Bierteig – der in unserem Bierkochbuch natürlich nicht fehlen durfte – verwandeln wir in einen Weinteig. In den kann man so ziemlich alles tunken und dann ausbacken: Fleisch, Fisch, Gemüse oder Obst. Salbeiblätter werden darin zu einem knusprigen Snack.

Salbei waschen und trocken schütteln. Die Blätter abzupfen, dabei jeweils etwa 1 cm vom Stiel dranlassen.
Mehl, Wein, Eier, Öl und Salz zu einem glatten Teig verrühren.
Reichlich Schmalz in einem Topf erhitzen.
Immer mehrere Salbeiblätter zusammen an den Stielen festhalten, in den Teig tunken und im Fett goldbraun ausbacken.

Schmeckt warm oder kalt.

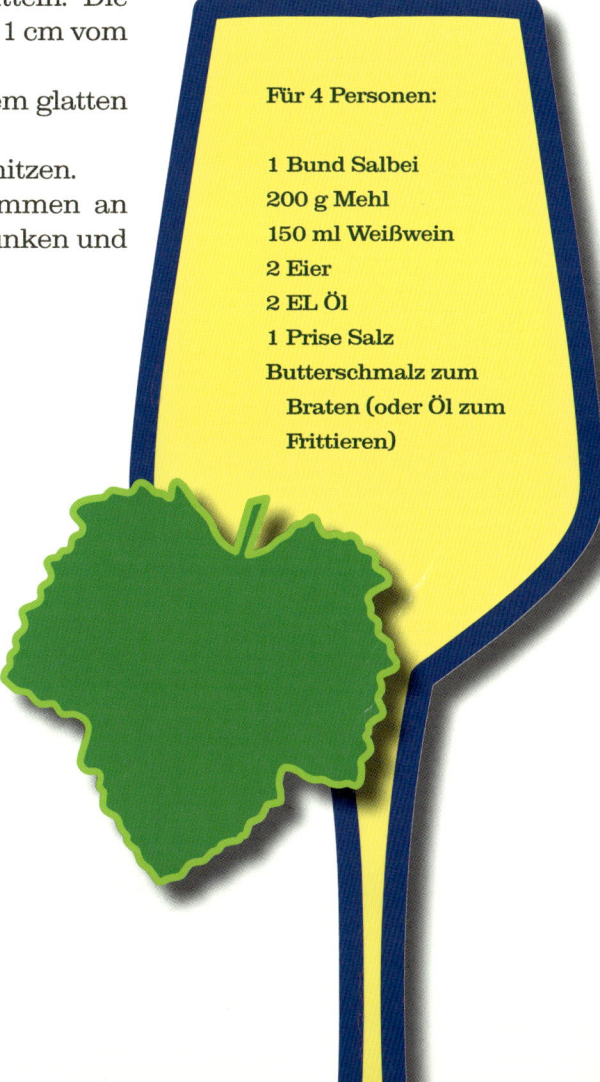

Für 4 Personen:

1 Bund Salbei
200 g Mehl
150 ml Weißwein
2 Eier
2 EL Öl
1 Prise Salz
Butterschmalz zum
   Braten (oder Öl zum
   Frittieren)

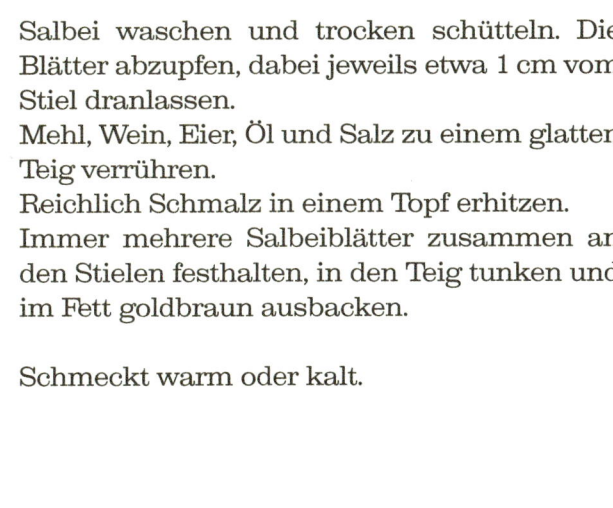

Weißwurstsalat

Wir hatten gerade einen trockenen Kerner zur Hand. Hat gut gepasst. Es darf aber auch ein anderer Weißwein sein – ganz nach Geschmack.

Die Radieschen waschen, putzen und in dünne Scheiben schneiden.

Die Weißwürste in heißem bis leicht siedendem Wasser 6–8 Minuten garen.

Inzwischen aus Wein, Öl und Senf das Dressing anrühren. Mit Salz und Zitronensaft abschmecken.

Die Weißwürste häuten und in Scheiben schneiden. Mit den Radieschen vermengen, das Dressing darübergießen und alles gut vermischen. Den Schnittlauch waschen, trocken schütteln und fein hacken. Zum Schluss über den Salat streuen.

Dazu schmecken Laugenbrezeln einfach am besten.

Für 4 Personen:

1 Bund Radieschen
8 Weißwürste
4 EL Weißwein
4 EL Sonnenblumenöl
2 EL süßer Senf
1 Prise Salz
1 Spritzer Zitronensaft
1 Bund Schnittlauch

Spanischer Wurstsalat

Die Zwiebeln schälen und im Ganzen in einem kleinen Topf in 1 Esslöffel Olivenöl 2–3 Minuten anbraten. Den Wein zugießen, aufkochen und dann abkühlen und ziehen lassen.

Die Wurst in dünne Scheiben, den Käse in etwa 2 cm große Würfel schneiden. Die Paprika waschen, halbieren, von Kernen und Trennhäuten befreien und in ca. 2 cm große Stücke schneiden.

Wurst, Käse, Paprika und Oliven in eine Schüssel geben. Die Rotweinzwiebeln zusammen mit dem Wein dazu, noch 1 Esslöffel Olivenöl darüberträufeln und alles gut durchmischen. Im Kühlschrank etwa 1 Stunde ziehen lassen. Eine halbe Stunde vor dem Servieren aus dem Kühlschrank nehmen und nochmals durchmischen. Bei Bedarf mit etwas Sherryessig abschmecken.

Für 4 Personen:

100 g Perlzwiebeln oder
   kleine Schalotten
2 EL Olivenöl
100 ml roter Rioja
200 g Chorizo
250 g Manchego
1 gelbe Paprika
100 g entsteinte grüne
   Oliven
evtl. 1–2 TL Sherryessig

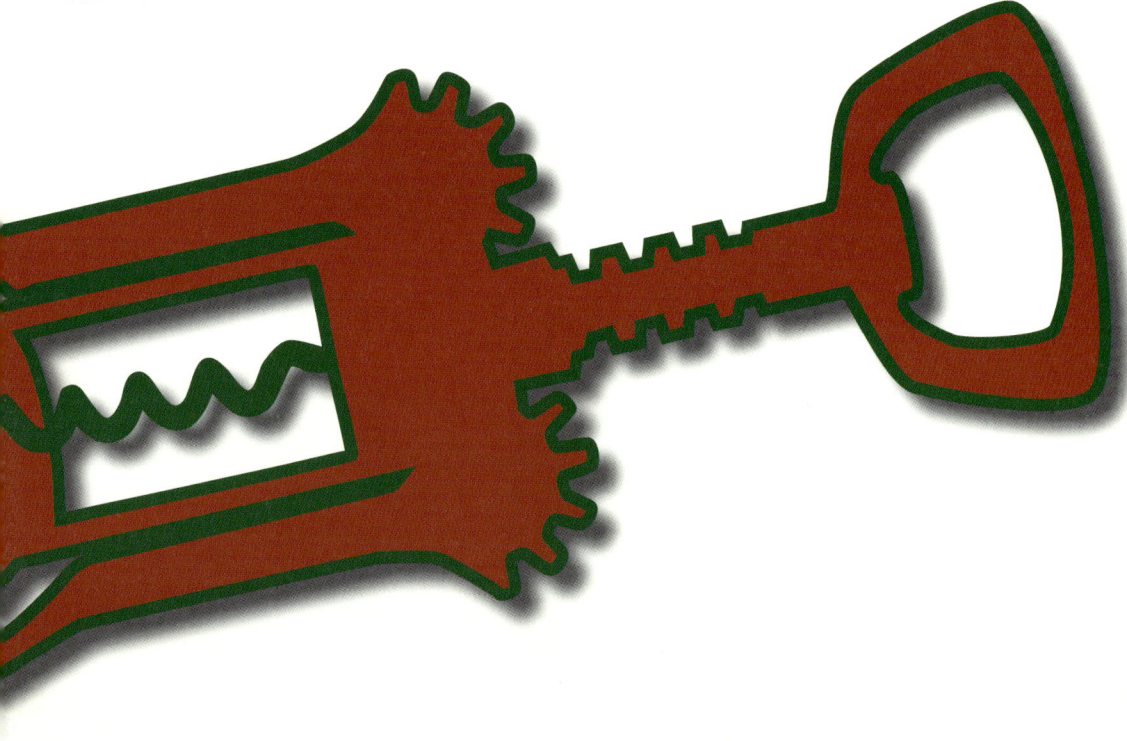

Riesenbohnen Rot-Weiß

Nein, getrocknete Bohnen in Wein einzuweichen, ist keine Vergeudung – wir kochen sie nämlich auch drin.

Die Bohnen in einem Sieb unter fließendem Wasser gut waschen. In einem Topf zugedeckt über Nacht in 700 ml Wein einweichen (die restlichen 50 ml kommen später in die Sauce). Den Topf mit Wasser auffüllen und die Bohnen darin kochen, bis sie weich sind (ca. 60–90 Minuten).

Inzwischen die Zwiebel und den Knoblauch schälen und klein schneiden. Die Dosentomaten (mit der Flüssigkeit) grob pürieren. Den Salbei waschen und trocken schleudern.

Die Zwiebel in Olivenöl glasig anbraten, den Knoblauch und die Salbeiblätter dazu. Dann das Tomatenmark mit anschwitzen. Die Tomaten und den restlichen Wein einrühren. Mit Paprikapulver und Salz abschmecken. Etwa 10 Minuten köcheln lassen.

Danach die gekochten Bohnen abgießen und in die Sauce geben. Alles nochmals 10–15 Minuten ziehen lassen.

Für 4 Personen:

250 g getrocknete
   große weiße Bohnen
   (Gigantes)
750 ml Rotwein
1 Zwiebel
1–2 Knoblauchzehen
1 Dose geschälte
   Tomaten (ca. 400 g)
6–8 Salbeiblätter
Olivenöl zum Anbraten
1 EL Tomatenmark
1–2 TL scharfes Rosen-
   paprikapulver oder
   Cayennepfeffer
Salz

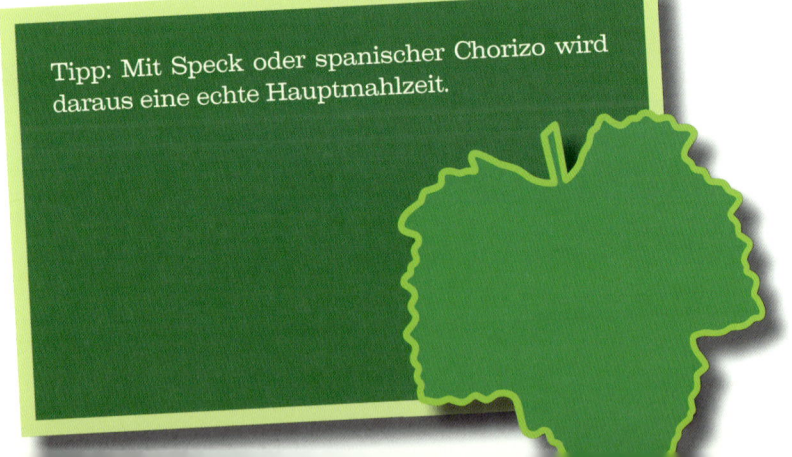

Tipp: Mit Speck oder spanischer Chorizo wird daraus eine echte Hauptmahlzeit.

Marinierte Zucchini

Ein italienischer Weißwein passt hier perfekt, drin und dazu.

Wein, Thymian, Zucker und Balsamico in einen kleinen Topf geben und einmal aufkochen lassen. Vom Herd nehmen und abkühlen lassen.

Die Zucchini waschen, putzen und in dünne Scheiben schneiden. Den Knoblauch schälen und hacken. Das Olivenöl in einer Pfanne erhitzen und die Zucchinischeiben und den Knoblauch darin 4–5 Minuten bei mittlerer Hitze braten.

Alles in eine Schüssel geben. Die Minze waschen, trocken schleudern, fein hacken und darüberstreuen. Zum Schluss mit der Marinade übergießen und mit Salz und Pfeffer abschmecken. Bei Zimmertemperatur mindestens 3 Stunden ziehen lassen, dann servieren.

Für 4 Personen:

125 ml Weißwein
3 Zweige Thymian
1 EL Zucker
3 EL weißer Balsamico-Essig
300 g Zucchini
2 Knoblauchzehen
2 EL Olivenöl
2 Stängel Minze
Salz, Pfeffer

Grands crus

»Cru« heißt auf Französisch »roh«, aber auch »Weinlage«. Wir vereinen in dieser Vorspeise beides.

Die Paprika- und Chilischoten waschen, putzen, halbieren und die Kerne entfernen. Die Paprika würfeln und die Chilis grob schneiden. Den Knoblauch schälen und grob hacken. Das Weißbrot zerkrümeln.

Alles zusammen mit dem Öl und dem Wein in ein hohes Rührgefäß geben und mit dem Schneidstab zu einer dicken Paste pürieren. Falls sie zu kompakt wird, noch etwas Wein zugeben. Zum Schluss salzen und pfeffern und noch einmal durchrühren. In eine Schüssel füllen und bis zum Servieren kalt stellen.

Das Gemüse waschen oder schälen und je nach Sorte putzen. Alle Sorten in möglichst gleich lange und dicke Streifen schneiden. Auf einer Platte anrichten, mit Olivenöl beträufeln, salzen und pfeffern. Zusammen mit dem Weindip servieren.

Dazu passen Weißbrot und Käse.

Für 4 Personen:

Für den Dip:
1 rote Paprika
2 rote Chilischoten
2 Knoblauchzehen
25 g Weißbrot
5 EL Olivenöl
3 EL Rotwein (z. B. Bordeaux oder Médoc)
Salz, Pfeffer

ca. 800 g Gemüse (z. B. Fenchel, Möhren oder Stangensellerie)
Olivenöl
Salz, Pfeffer

Tipp: Auch die folgenden Dips aus diesem Buch schmecken gut zu rohem Gemüse.

Saucen, Marinaden und Dips

Meerrettichsauce

Meerrettich wächst bei uns zwar wild im Garten. Aber die sehr verwachsenen Wurzeln zu verarbeiten, ist doch recht mühevoll. Also bedienen wir uns meistens bei den Produkten aus dem nur wenige Kilometer südlich gelegenen Meerrettich-Mekka Baiersdorf. Und nach Westen ist's nicht weit zu den ersten Weinbergen am Main ...

Die Butter im Topf zerlassen und das Mehl darin anschwitzen. Es soll aufschäumen, darf aber nicht braun werden. Unter ständigem Rühren die Brühe und den Wein aufgießen. Die Flüssigkeit etwa um die Hälfte einkochen. Dann den Meerrettich einrühren. Mit Salz und Pfeffer abschmecken.

Die Sauce gibt es meist zu Tafelspitz. Uns schmeckt sie aber auch zu Kartoffeln.

Für 4 Personen:

30 g Butter
2 EL Mehl
300 ml Fleisch- oder
   Gemüsebrühe
200 ml weißer Frankenwein
1 Glas Sahnemeerrettich
   (ca. 100–150 g)
Salz, Pfeffer

Beurre Rouge

Ein Saucenklassiker aus Frankreich, der zu Fleisch, Lachs oder einfach zu Kartoffeln passt.

Die Schalotten schälen und fein hacken. 1 Esslöffel Butter in einem Topf erhitzen. Die Schalotten dazugeben und glasig dünsten.
Wein, Rinderfond und Balsamico dazugeben und stark reduzieren, bis nur ca. 3 Esslöffel übrig sind. Die eiskalte Butter scheibchenweise nacheinander einrühren. bis eine glatte Sauce entsteht. Mit Salz und Pfeffer abschmecken und noch einmal gut umrühren.

Für 4 Personen:

2 Schalotten
190 g sehr kalte Butter
200 ml Rotwein
100 ml Rinderfond (oder
   Fischfond, wenn man
   die Sauce zu Fisch isst)
2 EL roter Balsamico-
   Essig
Salz, Pfeffer

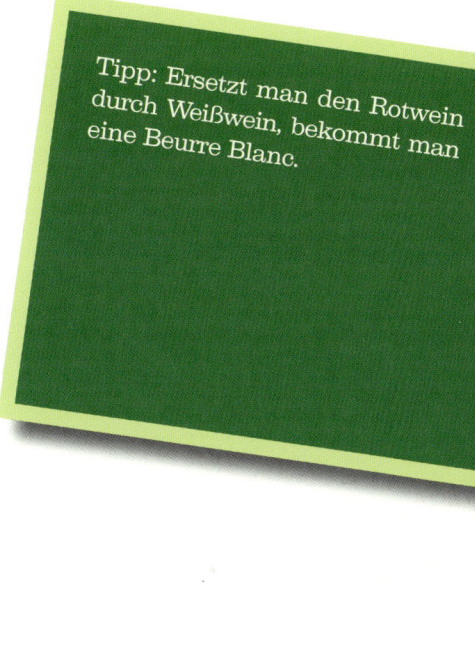

Tipp: Ersetzt man den Rotwein durch Weißwein, bekommt man eine Beurre Blanc.

Weinpilze

Südtirol ist ein klassisches Steinpilzland. Deshalb wählen wir einen Vernatsch – aber auch mit Lagrein schmeckt's fein.

Die Steinpilze unter fließendem Wasser gründlich waschen und gut abtropfen lassen. Dann für mehrere Stunden im Wein einweichen.

Die Pilze erneut gut abtropfen lassen; den Wein dabei nicht wegschütten!

Die Zwiebel schälen, sehr fein würfeln und zusammen mit den Pilzen in Butter anbraten. Nach 2–3 Minuten mit dem Einweichwein ablöschen. Aufkochen lassen und die Flüssigkeit um etwa die Hälfte reduzieren. Dann die Crème fraîche einrühren. Mit Salz und Pfeffer würzen. Noch ein paar Minuten köcheln lassen. Inzwischen die Petersilie waschen, trocken schütteln und fein hacken. Zum Schluss unterrühren.

Diese kräftige Sauce passt hervorragend zu Nudeln wie Tagliatelle oder breiten Bandnudeln, aber auch zu kurz gebratenem Fleisch.

Für 4 Personen:

40 g getrocknete Steinpilze
200 ml Vernatsch
1 Zwiebel
30 g Butter
150 g Crème fraîche
Salz, Pfeffer
½ Bund Petersilie

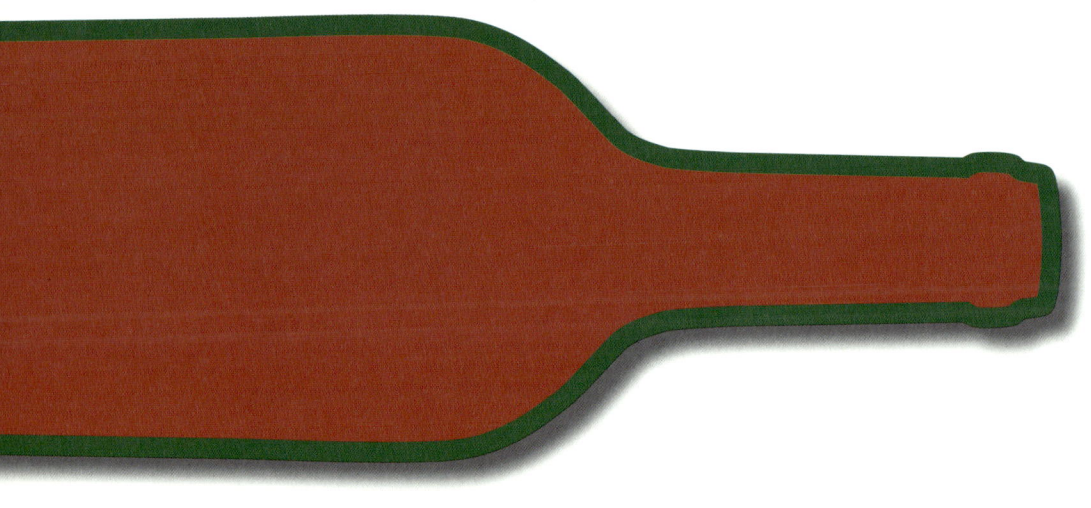

California-BBQ-Sauce

Die Schalotten und den Knoblauch schälen.
Die Schalotten fein, den Knoblauch sehr fein
schneiden. Die Kräuter waschen, gut trocken
schütteln oder schleudern und fein hacken.
Die Hälfte der Butter in einem Topf erhitzen
und die Schalotten darin andünsten. Wenn
sie glasig sind, den Knoblauch dazugeben (er
darf keinesfalls braun werden!). Das Tomatenmark mit anschwitzen und alles mit dem
Wein ablöschen. Die Flüssigkeit um etwa die
Hälfte reduzieren. Dann mit Rinderfond aufgießen. Die Sauce noch ca. 5 Minuten einkochen. Währenddessen die Chilis hineinbröseln
oder -mahlen. Ganz zum Schluss die Kräuter
in die Sauce streuen, mit Salz abschmecken,
den Herd ausschalten und ziehen lassen.

Für 4 Personen:

5 Schalotten

5 Knoblauchzehen

1 Bund frische Kräuter
(z. B. Thymian,
Oregano)

50 g Butter

2 EL Tomatenmark

250 ml Zinfandel

200 ml Rinderfond

1–2 getrocknete Chili-
schoten

Salz

Tipp: Die Sauce hält sich im Kühlschrank locker ein paar Tage. Sie kann bei Bedarf wieder
aufgewärmt werden. Am besten passt sie – bei
Zimmertemperatur serviert – zu frisch gegrilltem
Fleisch.

Salsalice Rot-Grün

Der süditalienische Salice Salentino macht sich ausgezeichnet in der spanischen Sauce. Und weil die Tomaten in unserem Garten noch nicht reif waren, als wir das Rezept ausprobierten, haben wir Dosentomaten genommen – da ist der Messbecher schon dabei.

Die Zwiebel(n) schälen und würfeln. Den Knoblauch schälen und fein hacken. Die Chilis und die Paprika waschen, putzen, entkernen und ebenfalls fein würfeln.

Die Zwiebelwürfel in einem Topf in Olivenöl ca. 4 Minuten andünsten. Die Tomaten grob pürieren. Knoblauch, Chilis und Paprika zu den Zwiebeln geben und mit den Tomaten aufgießen. Die Tomatendose und den Behälter, in dem die Tomaten püriert wurden, gut zur Hälfte mit Wein füllen (damit wird auch noch der Rest der Tomaten gelöst und die Dose ist danach halbwegs sauber) und den Wein dann zur Sauce geben.

Alles zusammen etwa 1–1½ Stunden bei leicht geöffnetem Deckel köcheln lassen (damit die Sauce etwas einkocht). Mit Zucker und Salz abschmecken.

Schmeckt warm und kalt zu Fleisch, Kartoffeln oder Weißbrot.

Für 4 Personen:

- 1–2 Zwiebeln
- 2–3 Knoblauchzehen
- 2–3 grüne Chilischoten oder Jalapeños
- 1 grüne Paprika
- 2 EL Olivenöl
- 1 Dose geschälte Tomaten (ca. 400 g)
- 250 ml Salice Salentino
- 1 TL Zucker
- Salz

Tipp: Wer's schön scharf mag, der kocht die Chilikerne mit.

Dijon-Sauce

Dijon ist die Hauptstadt des Burgund. Da denken wir an Wein und Senf. Was liegt näher, als die beiden zu kombinieren.

Tipp: Schmeckt kalt, kann aber auch warm gemacht werden.

Senf, Wein, Essig und Öl miteinander verrühren. Etwas Zitronenschale hineinreiben. Mit Salz und Pfeffer abschmecken. Den Dill waschen, trocken schütteln und hacken (grobe Stiele vorher entfernen). Anschließend in die Senfsauce mischen.

Schmeckt zu Fisch, Kartoffeln oder Spargel.

Für 4 Personen:

2 EL scharfer Senf
2 EL süßer Senf
4 EL Weißburgunder
  (Pinot Blanc)
1 EL weißer Balsamico-
  Essig
1 EL Sonnenblumenöl
Schale einer unbehandel-
  ten Zitrone
Salz, Pfeffer
1 Bund Dill

Rotweinbutter

Ein leichter, fruchtiger Rotwein macht sich hier am besten.

Die Schalotte(n) schälen und sehr fein schneiden. Ein kleines Stück Butter (ca. 20 g) in einer Pfanne erhitzen und die Schalotten darin bei geringer Hitze andünsten. Nach und nach den Wein dazugießen und leicht einkochen lassen. Die restliche Butter in einer Schale im Wasserbad erwärmen, bis sie cremig ist. Dann die Rotweinschalotten einrühren. Mit einer Prise Salz abschmecken. Die Butter in eine Form geben und abkühlen lassen – oder, wenn sie ein bisschen fester geworden ist, zu einer ca. 4–5 cm dicken Rolle formen.
Als Brotaufstrich oder zu Gegrilltem servieren.

Für 4 Personen:

1–2 Schalotten
125 g Butter
100 ml Rotwein
Salz

Pesto-Variationen

Wer einmal selbst gemachtes Pesto probiert hat, ist für die Gläschenware verloren. Mit etwas Wein bekommt die »gestampfte« (das heißt Pesto übersetzt) Sauce eine neue Note. Hier sind drei Länder-Varianten, die zu Pasta oder als Brotaufstrich gut schmecken. Man kann davon auch größere Mengen zubereiten. Gut mit Öl bedeckt hält sich das Pesto in Gläsern im Kühlschrank 1–2 Wochen.

Retsinesto

Gruß aus Griechenland.

Den Knoblauch schälen und grob hacken. Die Petersilie waschen, trocken schleudern und ebenfalls hacken. Zusammen mit den Pistazienkernen und dem Schafskäse in einen Mixbecher geben und mit dem Schneidstab pürieren. Dabei nach und nach das Öl und den Wein zugeben. Zum Schluss pfeffern.

Für 4 Personen:

4 Knoblauchzehen
1 Bund glatte Petersilie
40 g ungesalzene
   Pistazienkerne
120 g Schafskäse
100 ml Olivenöl
3 EL Retsina
Pfeffer

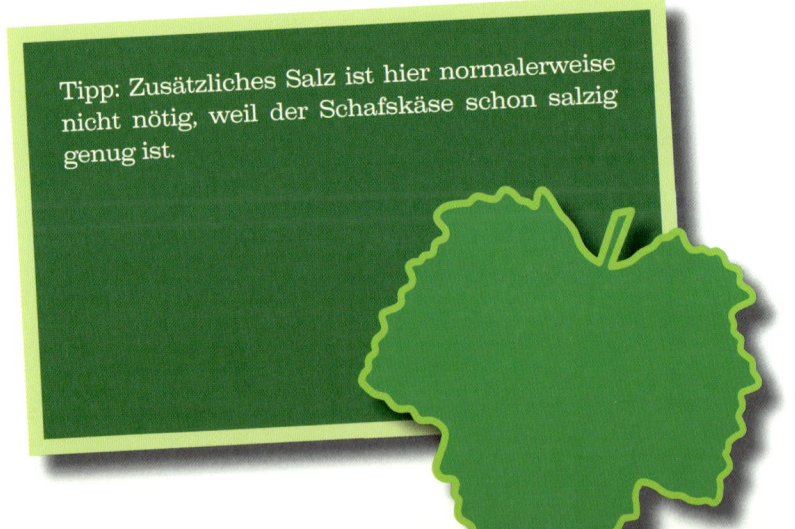

Tipp: Zusätzliches Salz ist hier normalerweise nicht nötig, weil der Schafskäse schon salzig genug ist.

Sangioviesto

Eine italienische Variante darf natürlich nicht fehlen.

Die Pinienkerne in einer Pfanne ohne Öl anrösten. Den Knoblauch schälen und grob hacken. Das Basilikum waschen, trocken schleudern und grob schneiden. Die getrockneten Tomaten und den Parmesan ebenfalls grob zerkleinern.
Alles in einen Mixbecher geben und mit dem Schneidstab pürieren. Nach und nach das Öl und den Wein dazugeben. Mit Salz und Pfeffer abschmecken und nochmals durchrühren.

Für 4 Personen:

40 g Pinienkerne
2 Knoblauchzehen
1 Bund Basilikum
150 g getrocknete Tomaten
70 g Parmesan
120 ml Olivenöl
3 EL italienischer Rotwein (z. B. Barolo)
Salz, Pfeffer

Silvanesto

Frühlingserwachen aus Deutschland.

Die Walnusskerne in einer Pfanne ohne Öl anrösten, dann grob hacken. Den Bärlauch waschen, trocken schleudern und grob schneiden. Den Bergkäse ebenfalls grob zerkleinern. Alles in einen Mixbecher geben und mit dem Schneidstab pürieren. Nach und nach das Öl und den Wein dazugeben. Mit Salz und Pfeffer abschmecken und nochmals durchrühren.

Für 4 Personen:

100 g Walnusskerne
2 Bund Bärlauch
100 g Bergkäse
150 ml Walnussöl
3 EL Silvaner (oder ein anderer deutscher Weißwein)
Salz, Pfeffer

Asia-Marinade

Passt am besten zu Schweinefleisch (wie zu unserem Schweinefleisch-Curry, Seite 70), aber auch sehr gut zu Ente und Rind. Das Fleisch sollte jeweils einen Tag zugedeckt im Kühlschrank mariniert werden.

Knoblauch und die Schalotten schälen und grob würfeln. Die Chilischoten längs und quer halbieren (wer's schärfer mag, lässt die Kerne drin). Ingwer und Galgantwurzel schälen und in dünne Scheiben schneiden, Zitronengras grob hacken. Alles gut mit Sherry, Sojasauce, Sesamöl und Limettensaft vermischen.

Das Fleisch sollte entweder von der Marinade bedeckt sein oder ein paar Mal darin gewendet werden.

Die Marinade kann, evtl. durch ein Sieb abgegossen, als Sauce verwendet werden.

Für 4 Personen:

1 Knolle Chinaknoblauch
  (alternativ: 3–4 Zehen
  normaler Knoblauch)
3 Schalotten
2 rote Chilischoten
50 g Ingwer
50 g Galgantwurzel
2 Stängel Zitronengras
200 ml trockener Sherry
1 EL Sojasauce
1 EL Sesamöl
2 EL Limettensaft

Tipp: Die Knolle des Chinaknoblauchs besteht aus nur einer Zehe. Er schmeckt milder als der hiesige Knoblauch.

Roqueport-Crème

Die hatten wir mal als kleinen Appetitanreger vor einem Bœuf Bourguignon gedacht. Die Gäste haben sie komplett weggeputzt. Auf dem Braten blieben wir trotzdem nicht sitzen.

Portwein und Honig in einem Topf verrühren. Den Rosmarin hineinlegen und alles aufkochen lassen. Dann bei mittlerer Hitze bis auf ca. 80 ml reduzieren. Die Rosmarinzweige herausnehmen und beiseitelegen.
Den Portweinsirup mit dem Frischkäse verrühren und für 30 Minuten in den Kühlschrank stellen. Die Nadeln von den Rosmarinzweigen streifen und hacken. Den Roquefort entrinden, klein schneiden und mit dem Rosmarin und der Frischkäsemasse vermischen. Mit Pfeffer abschmecken.

Dazu Cracker, Grissini oder Weißbrot.

Für 4 Personen:

300 ml Portwein
70 g Honig
2 Zweige Rosmarin
100 g Frischkäse
250 g Roquefort
Pfeffer

Riesling-Quark

Den Schnittlauch, falls nötig, waschen, trocken schleudern und in feine Röllchen schneiden. Mit Quark und Wein gut vermengen. Mit einer Prise Salz abschmecken. Fertig!

Macht sich wunderbar auf einem frischen Bauernbrot.

Für 4 Personen:

1 Bund Schnittlauch
250 g Quark (40 %)
4 EL Riesling
Salz

Oliven-Wein-Käse

Rotwein, Oliven und Schafskäse – das weckt Erinnerungen an Rucksackurlaube in Frankreich. Weil's cremiger wird, nehmen wir statt Schafskäse aber Ziegenfrischkäse.

Die Oliven in kleine Stücke schneiden und zum Frischkäse geben. Beides mit dem Wein gut verrühren.

Dazu natürlich Baguette.

Für 4 Personen:

10–12 entsteinte
  schwarze Oliven
150 g Ziegenfrischkäse
4 EL leichter Landrot-
  wein

Vinette

Ein Salatdressing ohne die Säure des Essigs. Eignet sich vor allem für bittere Blattsalate wie Radicchio. Am besten passt ein Weißwein mit ausgeprägter Säure, wie etwa der Chardonnay aus dem Chablis.

Alle Zutaten miteinander vermischen und über den Salat geben.

Für 4 Personen:

3 EL Olivenöl
2 EL Chablis
1 TL milder Dijonsenf
1 Prise Salz
1 Prise Pfeffer

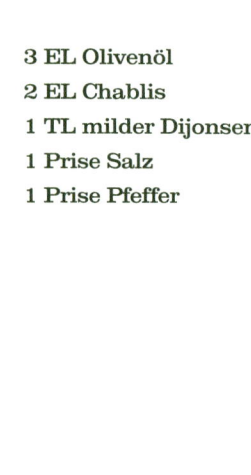

Salate

Wein

Kohlrabi-Rohkost

Der Wein gibt dem Dressing eine frische Note, die besser mit dem Joghurt harmoniert als Zitronensaft.

Die Kohlrabi waschen und schälen. Die kleinen grünen Blätter aufheben. Den Apfel waschen, halbieren und das Kerngehäuse herausschneiden. Kohlrabi und den Apfel mit einer Raspel grob reiben. Mit 2 Esslöffeln Wein vermischen. Kerbel und Dill waschen und trocken schleudern. Die Blätter abzupfen und zusammen mit den Kohlrabiblättern fein hacken.
Den restlichen Wein mit den Kräutern, dem Joghurt, Honig, Salz und Pfeffer gut verrühren. Das Dressing unter das Kohlrabi-Apfel-Gemisch heben.

Für 4 Personen:

2 kleine Kohlrabi
1 Apfel
100 ml Weißwein (z. B. Gewürztraminer oder Riesling)
4 Stängel Kerbel
3 Stängel Dill
75 g Vollfettjoghurt
1 TL Honig
Salz, Pfeffer

Velt(liner)-Salat

Spritziger Wein plus fruchtige Frische ist gleich der etwas andere Salat.

Die frischen Himbeeren putzen, aber nicht waschen; TK-Himbeeren über einem Sieb auftauen. Den Feldsalat putzen, waschen und gut trocken schleudern, dann zusammen mit den Walnusskernen in eine Schüssel geben.
Wein, Öl, Honig, Senf, Salz und Pfeffer gut miteinander mischen – der Honig muss komplett aufgelöst sein. Das Dressing über den Salat gießen und alles gut vermischen. Zum Schluss die Himbeeren darübergeben und vorsichtig unterheben.

Für 4 Personen:

150 g Bio-Himbeeren (TK oder frisch)
150 g Feldsalat
75 g Walnusskerne
3 EL Grüner Veltliner
5 EL Walnussöl
2 EL Honig
2 TL Dijonsenf
Salz, Pfeffer

Tipp: Dijonsenf wird mit Verjus, dem Saft unreifer Trauben, hergestellt; er ist also der ideale Partner für Weindressings.

Bunter Bohnensalat

Getrocknete Hülsenfrüchte verbinden sich wunderbar mit der Flüssigkeit, in der sie eingeweicht werden.

Die Bohnen in einem Sieb unter fließendem Wasser gut waschen. In einem Topf zugedeckt über Nacht im Wein einweichen.
Noch etwas Wasser in den Topf geben, damit die Bohnen gut mit Flüssigkeit bedeckt sind, und dann kochen, bis die Bohnen weich sind (ca. 45-90 Minuten).
Die Paprika waschen, halbieren und entkernen. Die Zwiebel schälen. Beides sehr fein würfeln.
Die Bohnen abgießen und gut abtropfen lassen. Paprika und Zwiebel dazu. Mit Essig, Öl, Salz und Pfeffer gut vermischen. Bis zum Servieren kalt stellen.

Für 4 Personen:

250 g getrocknete weiße
  Bohnen
500 ml Weißwein
1 grüne Paprika
1 rote Spitzpaprika
1 Zwiebel
1 EL Weißweinessig
1 EL Olivenöl
Salz, Pfeffer

Tipp: Bei Hülsenfrüchten kein Salz ins Kochwasser geben. Das würde die Kochzeit enorm verlängern.

Grün-Weiß-Rot

Das Rot ist bei diesem von der italienischen Fahne inspirierten Gemüsesalat etwas ausgeblichen. Aber Möhren machen sich darin einfach besser als Tomaten.

Die Zucchini waschen und die Enden abschneiden. Die Möhren schälen. Beides in feine Scheiben schneiden. Das Öl in einer Pfanne erhitzen und die Gemüsescheiben darin anbraten, bis sie leicht gebräunt sind. Sie sollen noch etwas Biss haben. Mit einem Schaumlöffel herausheben, in eine vorgewärmte Schüssel geben, salzen und pfeffern.
Die Minzeblätter vom Stängel streifen, waschen und trocken schleudern. Die Blätter – bis auf 4–5 für die Garnierung – fein hacken. Wein und den Honig in die Pfanne geben, die Minze einrühren und alles einmal aufkochen. Die Mischung sofort über das Gemüse gießen. Vorsichtig unterheben und mindesten 45 Minuten durchziehen lassen.
Vor dem Servieren die Kapern abspülen, hacken und über das Gemüse streuen. Mit der restlichen Minze garnieren.

Für 4 Personen:

300 g Zucchini
300 g Möhren
4 EL Olivenöl
Salz, Pfeffer
3 Stängel Minze
4 EL trockener Weißwein
1 TL Honig
1 EL Kapern

Ost-West-Salat

Wir hatten Lust auf thailändischen Salat und fast alle Zutaten daheim, bis auf Limetten und Tamarindensaft. Also kam der Pinot Grigio zum Zug, den wir zum Essen trinken wollten. Der Salat schmeckte etwas anders als gewohnt, aber sehr gut. Und Wein zum Trinken blieb auch genug.

Die Papaya längs halbieren, entkernen und schälen. Das Fruchtfleisch mit dem Sparschäler in Streifen schneiden. Die Möhren schälen und ebenfalls mit dem Sparschäler in Streifen schneiden.

Den Knoblauch schälen. Die Chilis waschen und putzen. Beides fein hacken. Die Erdnüsse in einem Mörser grob zerstoßen und mit Knoblauch und Chili in einer Schüssel vermengen. Die Papaya- und Möhrenstreifen ebenfalls untermischen.

Die Tomaten waschen, putzen, vierteln und in einer kleinen Schale leicht zerdrücken. Fischsauce, Zucker und Wein dazugeben und alles gut vermischen. Das Dressing über den Salat gießen und vorsichtig unterheben.

Passt als Beilage zu asiatisch zubereitetem Hähnchen, Fleisch, Fisch oder Tofu.

Für 4 Personen:

400 g Papaya (möglichst grün)
2 Möhren
2 Knoblauchzehen
3 frische scharfe Chilischoten
2 EL geröstete Erdnüsse
6 Kirschtomaten
4 EL Fischsauce
2 EL Zucker
4 EL Weißwein

Tipp: Wer es richtig scharf mag, lässt die Kerne in den Chilis. Wer es sanfter mag, entfernt sie. Auf jeden Fall sollte man sich nach dem Chili-Schneiden nicht in die Augen fassen – es brennt höllisch.

Chicorée-Feuerbohnen-Salat

Für alle, die auch im Winter weder auf Salat noch auf regionale Produkte verzichten wollen. Den Chicorée gibt es bei uns aus dem Nürnberger Knoblauchsland, die Feuerbohnen von den Bamberger Gärtnern und den Wein vom Main. Wer nicht das Glück hat, in Franken zu wohnen – anderswo gibt's auch gute Sachen ...

Die Bohnen waschen und über Nacht in Wein und Wasser einweichen. Danach im Einweich-Wein-Wasser ca. 90 Minuten weich kochen. 2 Esslöffel der Kochflüssigkeit für das Dressing (statt Essig) aufheben.

Vom Chicorée die äußeren Blätter entfernen und die Köpfe quer in Streifen schneiden. Im Sieb waschen, abtropfen lassen und in die Salatschüssel geben. Die abgetropften, gekochten Bohnen daruntermischen. Salz, Pfeffer, Öl und die 2 Esslöffel von der Kochflüssigkeit dazu. Alles gut durchmischen.

Für 4 Personen:

200 g getrocknete Feuerbohnen
250 ml trockener Silvaner
250 ml Wasser
3 Köpfe Chicorée
Salz, Pfeffer
2 EL Sonnenblumenöl

48

Reis-Wein-Salat

Nein, dieser asiatisch inspirierter Salat wird nicht mit Reiswein gemacht, der eher wie Bier hergestellt wird (und damit besser in unser erstes Kochbuch passen würde), sondern mit einem schönen trockenen Weißen.

Den Wildreis waschen. Wasser in einem Topf zum Kochen bringen, dann salzen, den Wildreis zugeben und nach Packungsangabe kochen. Danach abgießen.

Den Basmatireis waschen und in einen Topf geben. Mit 75 ml Wein aufgießen. So viel Wasser zugeben, dass der Reis 2 Fingerbreit bedeckt ist. Zucker und noch etwas Salz dazu. Alles zum Kochen bringen und ca. 12 Minuten köcheln lassen, bis der Reis die Flüssigkeit komplett aufgesogen hat.

Beide Reissorten in eine Schüssel geben und vermischen. Den Koriander waschen, trocken schleudern und fein hacken. Den restlichen Wein mit dem Öl verrühren, den Koriander dazugeben. Mit Salz und Pfeffer abschmecken und unter den Reis heben.

Die Papaya längs halbieren und die Kerne entfernen, danach die Frucht schälen. Das Fruchtfleisch in kleine Würfel schneiden. Die Lauchzwiebeln waschen, putzen und in Ringe schneiden. Die Sonnenblumenkerne in einer Pfanne ohne Öl rösten. Alles mit den Erdnusskernen unter den Salat heben und sofort servieren.

Dies ist ein leichtes Hauptgericht, passt aber auch als Beilage zu gegrilltem Fleisch oder Fisch.

Für 4 Personen:

50 g Wildreis
Salz
150 g Basmatireis
100 ml Weißwein
1 TL Zucker
½ Bund Koriander
6 EL Sonnenblumenöl
1 EL Sesamöl
Salz, Pfeffer
1 Papaya
1 Bund Lauchzwiebeln
20 g Sonnenblumenkerne
40 g gesalzene Erdnüsse

Kartoffelsalat Chablis

Die ausgeprägte Säure des Chardonnays aus dem Chablis hat nichts mit Essig zu tun, ersetzt ihn bei diesem edlen Kartoffelsalat jedoch vollständig.

Die Kartoffeln am besten schon am Vortag in der Schale kochen.
Dann schälen und in dünne Scheiben schneiden. Den Radicchio waschen, putzen und in dünne Streifen schneiden, zu den Kartoffeln geben. Den Wein und das Öl nach Belieben mit Salz und Pfeffer und einer Prise Zucker verrühren und über den Salat geben. Den Salat gut durchmischen und ziehen lassen.
Vor dem Servieren die Frühlingszwiebeln waschen, putzen, in dünne Ringe schneiden und zum Salat geben. Noch einmal durchmischen.

Für 4 Personen:

800 g festkochende Kartoffeln
2 Radicchio Rosso di treviso
6 EL Chablis
3 EL Olivenöl
Salz, Pfeffer
Zucker
1 Bund Frühlingszwiebeln

Träubchen-Salat

Hier gehen die Weinrohstoffe mit dem fertigen Produkt eine vitaminreiche Verbindung ein.

Die Trauben putzen, waschen, trocken tupfen und halbieren. Den Salat waschen und trocken schleudern. Alles in eine Schüssel geben. Wein, Balsamico, Öl, Salz, Pfeffer und eine Prise Zucker gut vermischen. Das Dressing unter den Salat heben.
Den Käse entrinden, in kleine Würfel schneiden und auf dem Salat verteilen.

Für 4 Personen:

je 150 g kernlose helle und blaue Weintrauben
400 g Lollo rosso
2 EL Weißwein
1 TL weißer Balsamico-Essig
4 EL Traubenkernöl
5 EL Sonnenblumenöl
Salz, Pfeffer
Zucker
150 g Roquefort

Tipp: Wer keinen Blauschimmelkäse mag, kann auch einen Gouda oder Emmentaler zum Salat nehmen.

Das-muss-auch-mal-sein-Salat

Dosenfutter, Mayonnaise, womöglich noch die Reste von einem Grillbuden-Hähnchen? Und dann noch Alkohol? Ja, ja, ja und noch mal ja! Zum Trost: Ein frischer Apfel ist auch mit drin.

Das Hähnchenfleisch in kleine Würfel schneiden. Den Apfel waschen und ungeschält (gibt mehr Biss) vierteln, das Kerngehäuse entfernen und ebenfalls würfeln. Den Spargel bei Bedarf in kleinere Stücke schneiden. Alles in einer Schüssel mit den Erbsen und dem Mais vermengen.
Die Mayonnaise mit dem Wein verrühren, eine Prise Zucker dazu und mit Salz und Pfeffer abschmecken. Das Dressing unter den Salat heben und alles gut vermischen.

Für 4 Personen:

400 g gegartes Hähnchen-
  fleisch (Bratenreste)
1 säuerlicher Apfel
150 g Spargelabschnitte
  aus dem Glas
150 g grüne Erbsen aus
  der Dose
150 g Mais aus der Dose
5 EL Mayonnaise
120 g trockener Weißwein
1 Prise Zucker
Salz, Pfeffer

Rotkost

Viele Vitamine für den Winter.

Den Rotkohl putzen und in feine Streifen hobeln. Die rote Bete und die Möhren schälen und grob raspeln. Die Zwiebel schälen und fein würfeln.
Öl, Wein, Zucker, Salz und Pfeffer gut verrühren. Das Dressing mit der Rohkost vermischen.

Für 4 Personen:

200 g Rotkohl
1 rote Bete
2 Möhren
1 Zwiebel
4 EL Rapsöl
2 EL Kürbiskernöl
6 EL Rotwein
½ TL Zucker
Salz, Pfeffer

Tipp: Salatdressing lässt sich besonders gut in einem Deckelglas mischen. Einfach die Zutaten in ein sauberes Glas geben, den Deckel fest zuschrauben und das Glas kräftig schütteln.

Die beste Flasche muss nicht sein

Ein Essen ist immer nur so gut wie seine Zutaten. Diese alte Regel trifft zwar auch beim Kochen mit Wein zu; allerdings muss es hier nicht der Mouton Rothschild für 500 Euro aufwärts sein. Denn wenn der edle Tropfen erhitzt wird, gehen einige seiner Aromen und Geschmacksnuancen verloren, andere werden gesteigert; der Wein schmeckt anders, als wenn man ihn aus dem Glas genießt. Bereits eine veränderte Lagertemperatur hat Auswirkungen auf den Geschmack. Ein schönes Beispiel dafür findet sich in der Folge »Wein ist dicker als Blut« aus der US-Krimiserie Columbo. Hier entlarvt sich ein Winzer selbst als Mörder, weil er als Einziger herausschmecken kann, dass ein edler Wein aus seinem Keller kurzfristig zu warm gelagert worden war. (Er hatte seinen Halbbruder niedergeschlagen, im Weinkeller gefesselt und dort die Klimaanlage abgedreht.) Wein-Experte Beat Koelliker empfiehlt, zum Kochen einen Wein der gleichen Sorte zu nehmen, die man nachher zum Essen trinkt, aber in etwas einfacherer Qualität. Wir haben nur bei kalt gerührten Saucen, Dips oder auch bei Süßspeisen, die nicht

erhitzt werden, diesen Rat nicht beachtet, da der Weingeschmack hier nicht durch Hitze verändert wird. Beim Kochen, Braten oder Backen mit Wein gilt die Formel »Zeit + Temperatur › Qualität«. Das heißt, je länger die Garzeit und je höher die Temperatur ist, desto einfacher darf der Kochwein sein. Kurze Garzeiten und niedrige Temperaturen verlangen also nach mehr Qualität. Ausnahmen haben wir nur dann gemacht, wenn die Zutat Wein sehr dominant ist, wie etwa bei einem Risotto. Gut eignen sich bei weniger weinhaltigen Gerichten auch Reste, die – durchaus auch vom Vorvorvortag – übrig geblieben sind. Vor allem bei Rezepten, die lange köcheln und nur einen Schuss Wein verlangen, ist dagegen gar nichts einzuwenden. Es sollte aber kein korkiger oder umgekippter Wein verwendet werden – auch wenn das in diversen Internetforen als Verwertungsmöglichkeit gehandelt wird. Wir haben es mit einem Schmorbraten versucht und fanden, dass man den Kork auch nach zwei Stunden Garzeit noch schmeckte. Daher unsere Wein-Koch-Devise: Was man nicht trinken will, sollte man auch nicht essen.

Suppen Wein

Fränkische Kartoffel-suppe

Die Kartoffeln schälen und würfeln. Die Möhren und Petersilienwurzeln schälen, putzen und würfeln. Den Lauch putzen, waschen und in fingerdicke Ringe schneiden.

Olivenöl in einen Suppentopf geben, die Möhren und Petersilienwurzeln darin andünsten, nach 2–3 Minuten den Lauch dazu. Nach weiteren 2–3 Minuten salzen und mit dem Wein ablöschen. Etwas einkochen lassen, dann die Kartoffeln hinzugeben und mit Wasser aufgießen. Etwa 30–40 Minuten köcheln lassen. Zum Schluss die Petersilie waschen, trocken schleudern und hacken. Die Suppe damit bestreuen.

Für 4 Personen:

500 g festkochende
   Kartoffeln
250 g Möhren
2 Petersilienwurzeln
2 Stangen Lauch
2–3 EL Olivenöl
Salz
250 ml trockener Silvaner
750 ml Wasser
½ Bund Petersilie

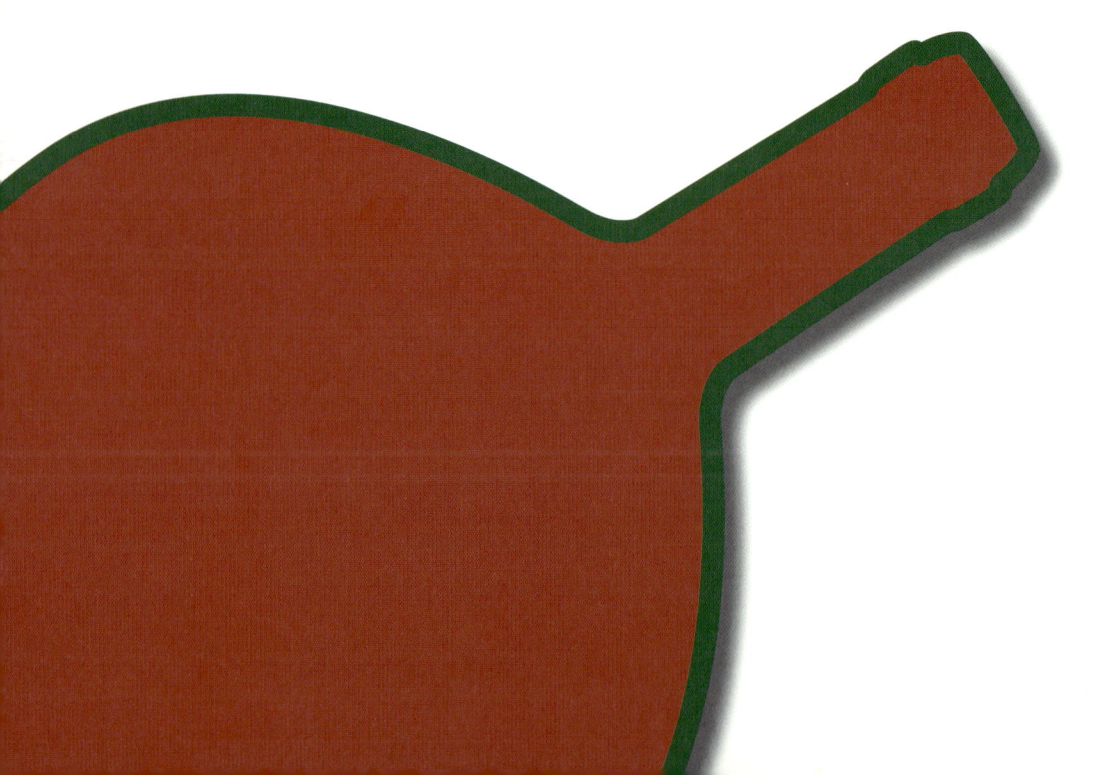

Rote Tomatensuppe

Doppelt rot mit Rotwein.

Die Rosmarinnadeln vom Stiel abstreifen und fein hacken. Den Knoblauch schälen und in Scheiben schneiden. Das Olivenöl in einem Topf erhitzen. Den Rosmarin zusammen mit dem Knoblauch und dem Honig darin unter Rühren 2-3 Minuten anschwitzen. Den Wein dazugießen und um die Hälfte einkochen lassen.

Die Tomaten waschen, die Stielansätze herausschneiden. Dann grob würfeln und zum Wein in den Topf geben. Mit Wasser aufgießen, bis die Tomaten bedeckt sind. 15 Minuten köcheln lassen, gegen Ende mit Salz und Pfeffer würzen.

Das Basilikum waschen, trocken schleudern und grob schneiden oder zupfen. Die Suppe mit dem Schneidstab pürieren, dann das Basilikum unterrühren.

Dazu passen Croûtons aus Weißbrot oder Ciabatta.

Für 4 Personen:

4 Zweige Rosmarin
7 Knoblauchzehen
8 EL Olivenöl
4 EL Honig
500 ml Rotwein
1,2 kg Tomaten
Salz, Pfeffer
1 Bund Basilikum

Meersault-Süppchen

Es muss nicht unbedingt ein Meursault sein, um hier den Fisch schwimmen zu lassen. Auch andere trockene, etwas vollere Weißweine wie etwa ein kalifornischer Chardonnay passen hier gut dazu.

Das Fischfilet waschen, trocken tupfen und in Würfel schneiden. Die Zitrone auspressen und mit dem Saft die Fischwürfel marinieren. Etwas salzen, abdecken und in den Kühlschrank stellen.

Die Zwiebel schälen und hacken, den Lauch putzen, waschen und in dünne Ringe schneiden, die Möhren schälen und stifteln.

In einem Topf die Butter zerlassen und die Zwiebeln darin andünsten, dann den Lauch und die Möhren dazugeben. Mit dem Wein ablöschen. Dann mit Wasser aufgießen. Mit Salz und Pfeffer abschmecken, abdecken und bei niedriger Hitze ca. 20 Minuten köcheln lassen. Die Fischwürfel und die Krabben in die Suppe geben und alles noch mal 10 Minuten ziehen lassen.

Dazu passt Weißbrot.

Für 4 Personen:

350 g Fischfilet (z. B. Scholle oder Steinbutt)
1 Zitrone
Salz
1 Zwiebel
2 Lauchstangen
300 g Möhren
Butter zum Anbraten
375 ml Meursault (oder ein anderer trockener Weißwein)
500 ml Wasser
Salz, Pfeffer
150 g Nordseekrabben

Tipp: Wer keine Nordseekrabben bekommt, kann auch andere geschälte Garnelen oder Shrimps für die Suppe nehmen.

Zwiebelsuppe

Die Zwiebeln schälen, halbieren, in Streifen schneiden und in Öl anbraten. Das Tomatenmark mit anschwitzen. Mit Wein ablöschen, kurz aufkochen lassen, die Brühe dazugießen und erneut kurz aufkochen. Majoran und Kümmel dazugeben und dann 15 Minuten köcheln lassen. Bei Bedarf mit Salz und Pfeffer abschmecken.

Den Ofen auf 200 °C vorheizen. Die Suppe in feuerfeste Schalen oder Tassen füllen, die Weißbrotscheiben drauflegen, mit dem Käse bestreuen und goldbraun überbacken. Auf Esstemperatur abkühlen lassen und erst dann servieren.

Für 4 Personen:

500 g Zwiebeln
Olivenöl zum Anbraten
1 EL Tomatenmark
500 ml Weißwein
500 ml Fleisch- oder Gemüsebrühe
1 Prise getrockneter Majoran
1 TL Kümmel
Salz, Pfeffer
4 Scheiben Baguette
100 g geriebener Parmesan

Tipp: Wer mag, gibt vor dem Servieren geröstete Weißbrotwürfel auf die Suppe.

Spanische Traubensuppe

Diese kalte Sommersuppe haben wir das erste Mal in Salamanca gegessen. Der Wein verleiht ihr noch mehr Fruchtigkeit.

Das Weißbrot in einer Schüssel mit kaltem Wasser mindestens 30 Minuten einweichen. Dann herausnehmen und gut ausdrücken.
Den Knoblauch schälen und grob schneiden. Zusammen mit dem Brot, den Mandeln und einer Prise Salz in einer Rührschüssel mit dem Schneidstab pürieren. Das Öl nach und nach untermischen, dann den Essig dazugeben.
Die entstandene Paste in eine Suppenschüssel geben und den Wein einrühren, bis eine cremige Suppe entsteht. Die Weintrauben waschen, halbieren und untermischen.

Für 4 Personen:

200 g Weißbrot vom
    Vortag
6 Knoblauchzehen
100 g gemahlene
    Mandeln
Salz
5 EL Olivenöl
1 EL Weißweinessig
500 ml Weißwein
250 g kernlose helle
    Weintrauben

Trocken-Süppchen

Zucker verleiht diesem Klassiker eine dezente Süße. Ein trockener Wein bildet dazu den Kontrapunkt.

Wein, Wasser, etwas abgeriebene Zitronenschale, Zimt und Zucker in einen Topf geben und einmal aufkochen lassen. Dann durch ein Sieb gießen und die Flüssigkeit zurück in den Topf geben. Die Hitze reduzieren.

Eigelb mit der Sahne verquirlen und dann langsam unter ständigem Rühren in die Weinsuppe geben. Dabei unbedingt darauf achten, dass das Ganze nicht kocht. Wenn alles gut untergerührt ist, die Suppe vom Herd nehmen und mit Salz, Pfeffer und einer Prise Muskat würzen.

Den Kerbel waschen, trocknen und die Blättchen abzupfen. Vor dem Servieren auf die Suppe streuen.

Für 4 Personen:

750 ml trockener Weißwein
125 ml Wasser
Schale einer unbehandelten Zitrone
½ Zimtstange
2 TL Zucker
4 Eigelb
100 ml Sahne
Salz, Pfeffer
Muskat
4 Stängel Kerbel

Tipp: Das Eiweiß, das bei diesem Rezept übrig bleibt, kann man in einem Schraubglas 2–3 Tage im Kühlschrank aufbewahren. Es lässt sich z. B. mit Zucker verrührt als Kuchenguss verwenden, oder man bäckt daraus unsere Muskateller-Meringen (siehe Seite 143).

Fleisch und Geflügel

Kalb, Rind, Schwein

Bœufjolais

Das Beaujolais ist zwar ein Teil des Bur-
gund, der Wein ist jedoch ein ganz anderer.
Unser Bœufjolais ist sozusagen der kleine
Bruder vom Bœuf Bourguignon.

Die Perlzwiebeln häuten. Möhren und Petersilienwurzeln putzen und in etwa perlzwie-
belgroße Stücke schneiden. Das Fleisch waschen, trocken tupfen und in 6–8 große Würfel
schneiden. Die Fleischwürfel salzen und meh-
len.

Das Gemüse in einem Schmortopf in Olivenöl
anbraten, nach 3–4 Minuten wieder herausnehmen und beiseitestellen. Noch etwas Öl
in den Topf geben und dann die Fleischwürfel
von allen Seiten anbraten. Die Zwiebel schälen, würfeln und mit anbraten. Das Tomatenmark mit anschwitzen und dann mit dem
Wein ablöschen.

Den Knoblauch schälen, fein schneiden und
zusammen mit den Kräutern in den Topf geben. Zugedeckt etwa 1½ Stunden schmoren
lassen. Mit Salz und Pfeffer abschmecken.

Das Fleisch herausnehmen, wenn es schön
zart ist. Die Sauce auf die gewünschte Menge
einkochen. Dann das Fleisch und das Gemüse
wieder in die Sauce geben und alles noch ca.
15 Minuten bei geringer Hitze weiterschmo-
ren lassen.

Dazu passen Kartoffelpüree und ein bunter
Blattsalat.

Für 4 Personen:

250 g Perlzwiebeln oder
   kleine Schalotten
250 g Möhren
200 g Petersilienwurzeln
1,2 kg Kalbfleisch (Bug
   oder Nuss)
Salz
Mehl
Olivenöl zum Anbraten
1 Zwiebel
1 EL Tomatenmark
750 ml Beaujolais (kein
   Primeur)
2–3 Knoblauchzehen
1 Zweig Rosmarin
3–4 Salbeiblätter
Salz, Pfeffer

Tomaten gefüllt-gegrillt

Die Tomaten waschen, rund um den Stielansatz aufschneiden und mit einem Löffel aushöhlen. Den Käse würfeln.

Die Zwiebel schälen, fein würfeln und zusammen mit dem Hackfleisch in Olivenöl anbraten. Das Tomatenmark mit anschwitzen und mit dem Wein ablöschen. Mit Salz und Pfeffer abschmecken. Weißbrot zum Binden der Flüssigkeit hineinbröseln. Alles gut vermengen.

Die Tomaten mit der Fleischmasse bis etwa 1 cm füllen, mit den Käsewürfeln bedecken.

Die Tomaten in Alufolie wickeln und 5–10 Minuten mitten in die glühende Grillkohle legen.

Für 4 Personen:

4 große Fleischtomaten
100 g Gouda
1 Zwiebel
300 g Rinderhackfleisch
2 EL Olivenöl
2 TL Tomatenmark
100 ml Rotwein
Salz, Pfeffer
1 Scheibe trockenes
    Weißbrot

Tipp: Wir nehmen die Tomaten aus der Folie und legen sie noch für etwa 1 Minute oben auf den Grillrost – für den besonderen Grillgeschmack.

Saltimbocca

»Spring in den Mund!« heißt dieser italienische Klassiker übersetzt. Die Schnitzel müssen sehr dünn sein – am besten vom Metzger schneiden lassen.

Die Schnitzel und die Schinkenscheiben halbieren. Die Schnitzel pfeffern, jeweils mit einer Schinkenscheibe belegen und das Ganze zu einer Tasche zusammenklappen.

Den Salbei waschen und trocken schleudern. Auf jede Tasche 1 Salbeiblatt legen und diese mit einem Schaschlikspießchen oder einem langen Zahnstocher zusammenstecken.

Das Öl in einer Pfanne erhitzen. Die Schnitzeltaschen darin beidseitig je 3–4 Minuten anbraten.

Das Fleisch aus der Pfanne nehmen und warm stellen.

Den Wein in die Pfanne gießen. Den Bratensatz mit einem Silikonpinsel vom Boden und Rand der Pfanne lösen, mit dem Wein verrühren und ca. 5 Minuten einkochen lassen. Mit Salz abschmecken. Die Saltimbocca auf einer Platte anrichten, die Sauce durch ein Sieb über sie passieren.

Dazu passt Ciabatta.

Für 4 Personen:

8 sehr dünne Kalbsschnitzel (ca. je 80 g)
8 Scheiben Parmaschinken
Pfeffer
8 Salbeiblätter
4 EL Olivenöl
100 ml Marsala
Salz

Rosetta tonnata

Ein Vitello tonnato aus dem Kalbsrosenstück (Nuss) mit Roséwein.

Das Kalbfleisch in einem Topf mit dem Wein aufgießen. Sellerie, Möhren und Zwiebel schälen bzw. putzen und in große Stücke schneiden. Dann mit den Lorbeerblättern und Pfefferkörnern zum Fleisch geben. Zugedeckt 24 Stunden im Kühlschrank marinieren. Wenn das Fleisch nicht ganz mit Flüssigkeit bedeckt ist, mehrmals wenden.

Das Fleisch mit so viel Wasser (oder Wein) aufgießen, dass es ganz bedeckt ist. Salzen und bei mittlerer Hitze (das Wasser sollte sieden oder leicht köcheln) zugedeckt 1–1½ Stunden garen.

Thunfisch gut abtropfen lassen. Mit Öl, Eigelb, Sardellenfilets und 1 Esslöffel Kapern langsam pürieren (damit die Masse nicht zu heiß wird). Dabei so viel vom abgekühlten Kochsud zugeben, dass eine cremige Sauce entsteht.

Das Kalbfleisch in möglichst dünne Scheiben schneiden und auf einer Platte anrichten. Die Thunfischsauce mit Salz, Pfeffer und Zitronensaft abschmecken. Über das Fleisch geben, die restlichen Kapern darauf verteilen und alles noch mal mit Folie bedeckt für 2–3 Stunden in den Kühlschrank stellen.

Für 4 Personen:

800 g Kalbfleisch (Rosenstück)

750 ml trockener Roséwein (z. B. Bardolino oder Lagrein)

1 Stange Staudensellerie

2 Möhren

1 Zwiebel

2 Lorbeerblätter

1 TL schwarze Pfefferkörner

Salz

1 Dose Thunfisch (ohne Öl) (ca. 190 g)

150 ml Olivenöl

2 sehr frische Eigelb

4 Sardellenfilets

2 EL Kapern

Salz, Pfeffer

1 Spritzer Zitronensaft

Tipp: Den restlichen Weinsud kann man gut für eine Suppe verwenden – oder einfrieren und für weitere Schmorgerichte hernehmen. Wäre ja schade um den vielen guten Wein.

Kalbsleber venezianisch

Mit weißem Wein aus dem Veneto.

Die Leber waschen, trocken tupfen und in dünne Scheiben schneiden. Die Scheiben salzen und in Mehl wenden. Olivenöl in einer Pfanne erhitzen. Die Leberscheiben abklopfen, damit sie nicht zu mehlig sind, und kurz, aber scharf anbraten. Die Hitze reduzieren, die Leber herausnehmen und in Alufolie wickeln.
Die Zwiebeln schälen, halbieren, in Streifen schneiden und in der Pfanne glasig dünsten. Wenn die Zwiebeln weich sind, mit Wein ablöschen und die Brühe aufgießen. Kurz aufkochen und bei geringer Hitze köcheln lassen, dabei die Butter stückchenweise einrühren.
Die Leberscheiben wieder in die Pfanne geben, mit Salz und frisch gemahlenem schwarzen Pfeffer abschmecken.
Zum Schluss gehackte Petersilie drüber.

Dazu passt Kartoffelpüree.

Für 4 Personen:

600–700 g Kalbsleber
Salz
Mehl
2 EL Olivenöl
3–4 große Zwiebeln
150 ml Soave
150 ml Gemüsebrühe
50 g kalte Butter
Pfeffer
½ Bund Petersilie

Pfälzer Weinfleisch

Fleisch plus Fleisch mal Wein ist gleich deftig Pfälzisch.

Das Fleisch in 2–3 cm große Würfel schneiden, in eine Schüssel geben, mit 500 ml Wein übergießen. Die Schüssel abdecken und das Fleisch über Nacht marinieren.

Am nächsten Tag die Kartoffeln und die Zwiebeln schälen und beides in dünne Scheiben schneiden. Das Fleisch aus der Marinade nehmen und abtropfen lassen. Die Marinade beiseitestellen.

Einen Bräter mit der Hälfte der Kartoffelscheiben auslegen. Salzen und pfeffern. Darauf das Fleisch verteilen und ebenfalls salzen und pfeffern. Dann die Zwiebeln obendrauf legen.

Die Kräuter waschen, trocken schleudern und mit Küchengarn zusammenbinden. Zusammen mit dem Lorbeerblatt auf die Zwiebeln geben. Den Knoblauch schälen, fein hacken und darüber verteilen. Alles mit den restlichen Kartoffeln abdecken.

Die Marinade darübergießen, den Bräter schließen und auf die untere Schiene des auf 220 °C vorgeheizten Backofens schieben.

Nach 1½ Stunden den restlichen Wein dazugießen. Die Temperatur auf 160 °C reduzieren und alles noch 1 Stunde im geschlossenen Bräter auf der mittleren Schiene garen lassen. Vor dem Servieren das Kräuterbündel entfernen und das Fleisch noch mal mit Salz und Pfeffer abschmecken.

Dazu passt Feldsalat.

Für 4 Personen:

400 g Schweinefleisch
  (z. B. Schulter und
  Nacken)
200 g Rinderbrust
600 ml trockener Weißwein (z. B. Müller-Thurgau oder Grauburgunder)
800 g Kartoffeln
300 g Zwiebeln
Salz, Pfeffer
1 Bund Petersilie
2 Zweige Thymian
2 Zweige Majoran
1 Lorbeerblatt
2 Knoblauchzehen

Tipp: Besonders gut gelingt das Gericht in einem Traditionsgeschirr aus Rheinland-Pfalz – einem Römertopf.

Maultaschen

Die Dickers-Schwester aus Stuttgart hat für uns einen köstlichen Württemberger Riesling besorgt. Ein bisschen davon kommt in den Nudelteig, ein bisschen in die Füllung und den Rest gibt's dann zu den Maultaschen.

Das Mehl auf die Arbeitsfläche sieben und in die Mitte eine Mulde drücken. Die Eier aufschlagen und in die Mulde geben. Salz und Olivenöl dazu.

Zunächst Eier, Öl und Salz mit einer Gabel verrühren. Vom Rand her nach und nach das Mehl einarbeiten. Schließlich den Teig von Hand kneten. In den noch recht trockenen Teig wieder eine Mulde drücken, den Wein hineingießen und alles zu einem glatten, festen Teig durchkneten. Den Teig zu einer Kugel formen, in Frischhaltefolie einwickeln und etwa 1 Stunde im Kühlschrank ruhen lassen.

Den Nudelteig gleichmäßig flach ausrollen oder mit der Nudelmaschine verarbeiten. Etwa 7 x 14 cm große Rechtecke markieren.

Den Blattspinat gründlich waschen und blanchieren, d. h. 2–3 Minuten in kochendes Wasser geben. Abgießen und gut abtropfen lassen, evtl. vorsichtig ausdrücken, dann fein hacken. Das Brötchen würfeln und mit dem Wein beträufeln. Die Zwiebel schälen und fein schneiden. Die Eier trennen, das Eiweiß beiseitestellen. Spinat, Brötchen, Zwiebel und Hackfleisch mit Petersilie, Eigelb, Salz, Pfeffer und Muskat gut vermischen.

Die Füllung portionsweise mit einem Esslöffel auf die Teigrechtecke verteilen. Die Rechtecke

Für 4 Personen:

Für den Teig:
300 g Mehl
2 Eier
1 TL Salz
1 EL Olivenöl
50 ml Weißwein

Für die Füllung:
250 g Blattspinat
1 trockenes Brötchen
50 ml Weißwein
1 Zwiebel
2 Eier
250 g gemischtes Hackfleisch
1 EL gehackte Petersilie
Salz, Pfeffer
1 Prise Muskat
1–1½ l Fleisch- oder Gemüsebrühe
1 Bund Schnittlauch

ausschneiden, die Ränder mit Eiweiß bestreichen, zusammenklappen und fest andrücken. Die Brühe zum Kochen bringen und die Maultaschen 15–20 Minuten siedend garen. Dann mit dem Schaumlöffel herausheben.

Den Schnittlauch, falls nötig, waschen, trocken schütteln und fein schneiden. Passt darüber gestreut zu allen Servierarten der Maultaschen.

Tipps: Maultaschen werden meistens in der Brühe serviert. Alternativen: geschmälzt (mit in gebräunter Butter gebratenen Zwiebeln übergossen) oder in Streifen geschnitten mit Ei gebraten.

Wir bevorzugen die Geschmälzten mit einem grünen Blattsalat dazu. Und weil wir immer mehr machen, damit sich der Aufwand lohnt, gibt's die Übriggebliebenen – die sich gut 1–2 Tage im Kühlschrank halten oder einfrieren lassen – dann gebraten mit Ei. Der Nudelteig eignet sich auch zur Herstellung eigener Pasta. Dabei kann man mit dem Wein je nach Anlass frei variieren.

Kabinett-Stückchen

Für unsere Kabinett(s)-Stückchen haben wir uns ein Schweinefilet im Blätterteig ausgeguckt.

Das Fleisch waschen und abtrocknen, die Haut vorsichtig entfernen. Das Filet salzen und pfeffern und mit Honig bestreichen. Zusammen mit dem Wein und dem Thymian oder Rosmarin in einen Gefrierbeutel geben, diesen gut verschließen und über Nacht in den Kühlschrank legen.

Das Filet aus der Marinade nehmen. Vom Thymian bzw. Rosmarin harte Stängel entfernen, die Blätter klein hacken und zurück in die Marinade geben. In einer großen Pfanne in Olivenöl rundum gut anbraten und wieder herausnehmen. Den Bratensatz mit der Marinade lösen, gemahlene Haselnüsse dazu und alles zu einem dickflüssigen Brei einkochen.

Den Blätterteig auslegen und mit dem Brei bestreichen; dabei einen breiten Rand lassen. Das Schweinefilet darauflegen und in den Teig einrollen. Das Ei trennen. Die Teigränder mit dem Eiweiß verkleben und gut zusammendrücken, den Teig mit dem Eigelb bestreichen.

Das Filet mit der Teignaht nach unten auf ein mit Backpapier ausgelegtes Backblech legen. Auf der mittleren Schiene des auf 180–200 °C vorgeheizten Backofens ca. 30 Minuten backen.

Den Blätterteig mit dem Fleisch in Scheiben schneiden.

Auf einem bunten Salat oder mit Spargel servieren.

Für 4 Personen:

1 Schweinefilet
 (ca. 600 g)
Salz, Pfeffer
2 EL Honig
250 ml Riesling Kabinett
3 Zweige Thymian oder
 Rosmarin
Olivenöl zum Anbraten
200 g gemahlene Haselnüsse
1 Blätterteig aus dem
 Kühlregal (ca. 250 g)
1 Ei

Weine-Medaillons

Zugegeben, das Schwein trifft den Wein hier erst beim Gemüse. Aber dann funkt's …

Das Filet in etwa fingerdicke Scheiben schneiden. Auf beiden Seiten mit Thymian einreiben. Butterschmalz in einer tiefen Pfanne zerlassen, die Medaillons darin bei starker Hitze auf jeder Seite ca. 6 Minuten anbraten und danach salzen. Das Fleisch anschließend in Alufolie wickeln und im auf 50 °C vorgeheizten Backofen warm halten.

Die Zwiebel schälen und hacken, die Möhren schälen und stifteln. In der Fleischpfanne anbraten, mit dem Wein aufgießen und ca. 10 Minuten einkochen lassen. Dann die Crème fraîche und den Zitronensaft einrühren. Mit Cayennepfeffer und Salz abschmecken. Die Petersilie waschen, trocken schleudern und mittelfein hacken. Kurz vor dem Servieren untermischen.

Das Gemüse auf Tellern oder einer Platte mit den Medaillons anrichten.

Dazu passen Salzkartoffeln oder Gnocchi.

Für 4 Personen:

500 g Schweinefilet
½ TL getrockneter
   Thymian
Butterschmalz zum
   Anbraten
Salz
1 Zwiebel
250 g Möhren
250 ml Weißwein
2 EL Crème fraîche
1 EL Zitronensaft
Cayennepfeffer
Salz
½ Bund glatte Petersilie

Tipp: Die Ruhezeit im Backofen macht das Fleisch noch zarter.

Schweinefleisch-Curry

Der Wein kommt in Form von Sherry in die Marinade.

Für die Zubereitung der Asia-Marinade vgl. Seite 40. Das Fleisch in dünne, ca. 5 cm lange Streifen schneiden und 24 Stunden marinieren.

Das Fleisch aus der Marinade nehmen und gut abtropfen lassen. Die Marinade beiseitestellen. Die Tomaten häuten und achteln. Den Reis aufsetzen.

Erdnussöl im Wok oder in einer großen Pfanne erhitzen und die Fleischstreifen von allen Seiten gut anbraten. Zum Ablöschen die Marinade durch ein feines Sieb gießen. Die Tomatenschnitze und die Curry-Gewürzmischung hinzugeben und die Flüssigkeit etwa um die Hälfte einkochen. Die Kokosmilch einrühren. Kurz aufkochen und dann 5 Minuten ziehen lassen.

Den Koriander waschen und trocken schleudern. Die Stängel entfernen, die Blätter grob hacken und vor dem Servieren über das Curry streuen.

Für 4 Personen:

Für die Marinade:
1 Knolle Chinaknoblauch
3 Schalotten
2 rote Chilischoten
50 g Ingwer
50 g Galgantwurzel
2 Stängel Zitronengras
200 ml trockener Sherry
1 EL Sojasauce
1 EL Sesamöl
2 EL Limettensaft

Zusätzlich:
2 große Schweine-
    schnitzel
2 Tomaten
300 g Basmatireis
Erdnussöl zum Braten
2 TL Curry-Gewürzmi-
    schung
1 Dose Kokosmilch
    (ca. 400 ml)
5 Stängel Koriander

Muskatellersülze

Der bekannte Süßwein ist hier nicht geeignet. Aber wir haben einen trocken ausgebauten Muskateller aus dem Elsass gefunden. Wer nur süßen Muskateller bekommt, sollte also lieber zum Gewürztraminer greifen.

Die Möhren schälen und kochen – sie sollten noch bissfest sein.
Die Gelatine in kaltem Wasser einweichen. Die Brühe erwärmen (nicht über 70 °C) und den Wein zugeben.
Den Braten in flache Stücke schneiden und gleichmäßig auf 4 tiefe Teller verteilen. Möhren und Eier in Scheiben schneiden und gleichmäßig ums Fleisch herum verteilen. Den Schnittlauch waschen und trocken schütteln, in feine Röllchen schneiden und darüberstreuen.
Die Gelatine aus dem Wasser nehmen, auspressen, in der warmen Weinbrühe auflösen und alles in die Teller gießen.
Die Teller im Kühlschrank kalt stellen, bis die Sülze fest ist. Das kann ein paar Stunden dauern.

Dazu passen Bratkartoffeln.

Für 4 Personen:

4 Möhren
8 Blatt weiße Gelatine
400 ml Gemüsebrühe
200 ml Muskateller oder
   Gewürztraminer
400 g kalter Braten
2 hart gekochte Eier
1 Bund Schnittlauch

Wurst, Schinken

Linsentopf mit Speck

Zu dem schwäbischen Klassiker gibt es Spätzle – und hinein kommt ein Trollinger.

Das Suppengrün putzen, Lauch in Ringe schneiden, Möhren und Sellerie würfeln – die Petersilie kommt erst später dran. Das Gemüse in einem großen Topf in Öl anbraten. Die Linsen und die Lorbeerblätter dazu und mit genügend Wasser – aber ohne Salz! – kochen. Die Zwiebel schälen. Den Speck und die Zwiebel würfeln und beides ohne zusätzliches Fett in einer Pfanne anbraten. Sobald die Zwiebelwürfel etwas Farbe angenommen haben, das Ganze mit dem Wein ablöschen.

Wenn die Linsen weich sind, evtl. überschüssiges Kochwasser abgießen. Den gesamten Pfanneninhalt einrühren. Mit Essig, Salz und Pfeffer abschmecken. Petersilie waschen, trocken schleudern und hacken und darüber streuen. Noch 5 Minuten ziehen lassen.

Dazu gibt's bei uns, wie gesagt, immer Spätzle.

Für 4 Personen:

1 Bund Suppengrün
(Lauch, Möhre, Sellerie,
Petersilie)
Öl zum Anbraten
400 g Linsen
2 Lorbeerblätter
1 Zwiebel
150 g Speck
150 ml Trollinger
1 EL Weinessig
Salz, Pfeffer

Quiche de Vin

Diese Abwandlung der klassischen Quiche Lorraine muss nicht mit einem Lothringer Wein zubereitet werden – denn der ist gar nicht so einfach zu finden. Ein Silvaner oder Grauburgunder aus Deutschland tut's auch.

Für 4 Personen:

200 g Mehl
100 g Butter
½ TL Salz
75 ml kalter Weißwein
Butter für die Form
200 g Bacon
3 Eier
200 ml Sahne
30 ml Weißwein
Pfeffer
125 g geriebener Bergkäse

Das Mehl in eine große Schüssel oder auf ein Backbrett sieben, die Butter in kleinen Stücken darüber verteilen, dann das Salz dazu. In die Mitte eine Mulde drücken, den Wein hineingießen und alles zügig verkneten. Den Teig in Frischhaltefolie wickeln und mindestens 2 Stunden in den Kühlschrank legen.
Eine Springform (26 cm Durchmesser) mit Butter ausstreichen. Den Teig ca. 4 mm dick ausrollen und den Boden und Rand der Form damit auslegen. Den Teigboden mehrmals mit einer Gabel einstechen.
Den Bacon klein schneiden und den Boden damit belegen. Die Eier mit Sahne und Wein verquirlen, den Pfeffer und den Käse unterziehen. Alles auf den Speck geben und glatt streichen. Die Quiche auf der mittleren Schiene des auf 200 °C vorgeheizten Backofens ca. 30 Minuten backen.
Wenn sie fertig ist, einige Minuten in der Form auskühlen lassen. Dann herausnehmen und noch warm auf einer Platte servieren.

Tipp: Wir rollen Knetteig immer zwischen zwei Lagen der Frischhaltefolie aus, in der er kalt gestellt wurde. Dann muss man die Arbeitsfläche nicht mit Mehl bestäuben und der Teig klebt trotzdem nicht fest. Außerdem lässt er sich auf der Folie viel leichter in die Form geben.

Koch-Wein-Schinken

Trotz des Namens: Der Wein, den man hier verwendet, sollte kein ganz schlechter sein.

Die Zwiebeln schälen und in dünne Scheiben schneiden. Zusammen mit dem Öl in einen großen Topf geben und umrühren, sodass alle Zwiebeln mit Öl benetzt sind. Zugedeckt ca. 10 Minuten bei mittlerer Hitze köcheln lassen, bis die Zwiebeln glasig sind (dabei darauf achten, dass sie nicht anbrennen). Dann den Deckel wegnehmen und die Zwiebeln braten, bis sie braun sind.

Den Schinken in den Topf legen und mit Wein bedecken. Dann den Honig und den Rosmarin dazu. Den Wein bei starker Hitze zum Kochen bringen. Nach 5 Minuten die Hitze reduzieren und den Topf wieder abdecken. Bei niedriger Hitze ca. 2½ Stunden kochen lassen, bis das Fleisch zart ist. Dann herausnehmen und in Alufolie gewickelt warm stellen.

Die Flüssigkeit, die noch im Topf ist, kann durch ein Sieb gestrichen als Sauce verwendet werden. Wer mehr Sauce möchte, gießt etwas warmes Wasser in den Topf und streicht ihn mit einem Backpinsel aus. Diese Flüssigkeit ebenfalls durch ein Sieb streichen.

Den Schinken in Scheiben schneiden und mit der Sauce (bei Bedarf diese nochmals kurz warm machen) servieren.

Dazu passen Salzkartoffeln.

Für 4 Personen:

2 Zwiebeln
1 EL Bratöl
1,2 kg roh geräucherter
   Schweineschinken
   (z. B. Nuss)
750 ml Rotwein
4 EL Honig
2 Zweige Rosmarin

Tipp: Der Schinken ist normalerweise so salzig, dass man nicht zusätzlich salzen muss. Wer auf Nummer sicher gehen will, probiert vor dem Kochen ein kleines Stück.

Schinken in Weinteig

Mehl, Wein, Eier, Öl und Salz zu einem glatten Teig verrühren. Den Teig in einen tiefen Teller geben.
Reichlich Schmalz in einem Topf erhitzen. Die Schinkenscheiben durch den Teig ziehen und im heißen Fett goldbraun ausbacken.

Idealerweise gibt es dazu frischen Spargel.

Für 4 Personen:

200 g Mehl
150 ml Weißwein
2 Eier
2 EL Öl
1 Prise Salz
Butterschmalz zum
  Braten
4 Scheiben gekochter
  Schinken (je 80–100 g)

Currywurst

Currywurst und Wein? Ja, das geht. Auf die Sauce kommt es an.

Die Tomaten häuten, Kerne und das wässrige Innere entfernen, dann würfeln. Die Schalotte(n) schälen, sehr fein schneiden und in Olivenöl glasig anbraten. Das Tomatenmark mit anschwitzen und mit 100 ml Wein ablöschen. Dann die Tomatenstücke dazugeben, den Cayennepfeffer und 2 Teelöffel Currypulver einrühren und alles ca. 30 Minuten kochen. Die Sauce pürieren, die restlichen 50 ml Wein dazu, mit Zucker, Salz und Limettensaft abschmecken. Noch 5-10 Minuten köcheln lassen.
Die Würste in heißem Öl braten.
Zum Servieren die Tomaten-Wein-Sauce darüber und mit dem restlichen Currypulver bestreuen.

Dazu ein Brötchen oder Pommes.

Für 4 Personen:

500 g vollreife Tomaten
1-2 Schalotten
Olivenöl zum Anbraten
1 EL Tomatenmark
150 ml Rotwein
2 TL Cayennepfeffer
6 TL Currypulver
2-3 TL Zucker
Salz
1-2 TL Limettensaft
4 rote Bratwürste

Rot-blaue Domina-Zipfel

Blaue Zipfel, in einem Weißwein-Essig-Sud gegarte Bratwürste, sind eine fränkische Spezialität. Wir haben's mal mit einem Rotwein versucht, mit einem Domina, der in Franken weit verbreitet ist. Die Roten Zipfel schmeckten uns tatsächlich besser.

Suppengrün putzen und klein schneiden. Zwiebeln schälen, in Ringe schneiden und in einen Topf geben. Lorbeerblätter, Wacholderbeeren und Pfefferkörner dazugeben. Mit Essig und Wein aufgießen, zuckern, salzen und alles etwa 30 Minuten lang kochen. Den Herd so weit herunterdrehen, bis der Sud nicht mehr kocht. Die Bratwürste in den Sud legen und etwa 20 Minuten darin ziehen lassen. Der Sud darf dabei leicht sieden, aber nicht mehr kochen, denn sonst platzen die Würste.
Die Roten Zipfel kommen im Sud auf den Tisch – und von dem kann jeder so viel essen, wie er will.

Dazu passt am besten ein würziges Bauernbrot.

Für 4 Personen:

1 Bund Suppengrün
 (Lauch, Möhre, Sellerie)
2 große Gemüsezwiebeln
2 Lorbeerblätter
1 TL Wacholderbeeren
1 TL schwarze Pfeffer-
 körner
100 ml Rotweinessig
500 ml Domina
1 Prise Zucker
Salz
8 fränkische Bratwürste

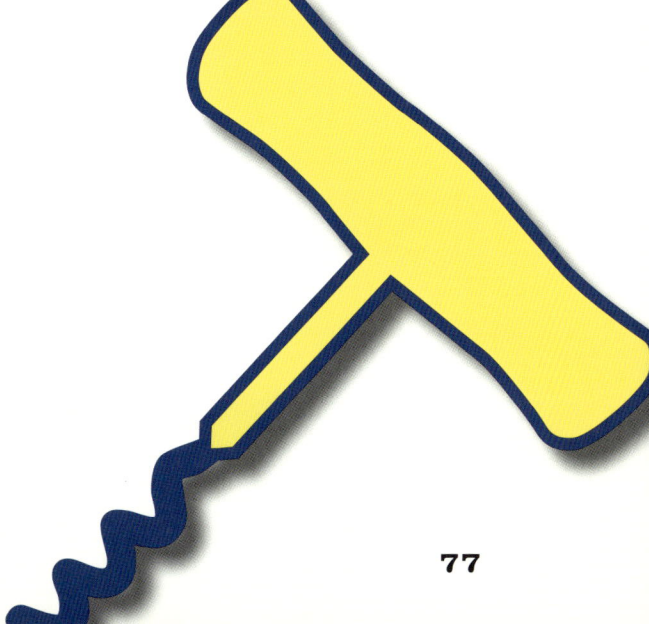

Ziege, Wild

Bock au vin

Natürlich soll's kein alter Bock sein. Und weil der Bocksbraten bei uns in Franken ein traditionelles Kirchweihessen ist, nehmen wir zum Bock au vin auch keinen französischen, sondern einen fränkischen Wein. Und zwar einen trockenen Silvaner.

Die Keule von Haut und Fett befreien, waschen, trocken tupfen, gut mit Olivenöl einreiben und rundum salzen. Die Zwiebeln und den Knoblauch schälen, die Zwiebeln würfeln, die Knoblauchzehen halbieren.

Einen Bräter mit dem Olivenöl in den Backofen stellen und diesen auf 200 °C vorheizen.

Die Ziegenkeule und die Zwiebeln in den Bräter legen und im Ofen garen. Die Keule mehrfach wenden, bis sie rundum angebraten ist. Beim letzten Wenden den Knoblauch dazugeben. Nach 2–3 Minuten pfeffern, Rosmarin, Thymian und Wacholderbeeren dazu und mit 250 ml Wein ablöschen. Das Ganze etwa 2 Stunden bei 180 °C braten. Nach und nach den restlichen Wein aufgießen.

Die Kartoffeln schälen und halbieren. Etwa 30 Minuten vor Ende der Garzeit mit in den Bräter geben.

Wenn das Fleisch zart ist, die Keule aus dem Bräter nehmen, in Alufolie wickeln und ruhen lassen. Die Kartoffeln in eine vorgewärmte Schale geben. Den Bratensatz durch ein Sieb in einen kleinen Topf gießen und die Sauce mit etwas Butter abbinden.

Dazu passen grüne Bohnen.

Für 4 Personen:

1 Ziegenkeule mit Knochen (ca. 1,5–2 kg)
6 EL Olivenöl
Salz
2 Zwiebeln
6–8 Knoblauchzehen
Pfeffer
3–4 Zweige Rosmarin
3–4 Zweige Thymian
5 Wacholderbeeren
750 ml Silvaner
500 g kleine festkochende Kartoffeln
1–2 EL Butter

Tipp: Wenn die Ziege schon etwas älter war, kann man die Keule auch 2–3 Tage mit den Gewürzen, den Kräutern und dem Wein in Kühlschrank marinieren. Vor dem Braten dann die Marinade gut abstreifen.

Weininchen

Sehr oft stehen die Langohren heute nicht mehr auf dem Speiseplan. Dabei ist ihr Fleisch nicht nur mager und zart, sondern auch sehr schmackhaft.

Das Kaninchen zerteilen, dabei Keulen und Läufe vom Rücken trennen. Das Suppengrün putzen und in grobe Würfel schneiden. Die Zwiebeln schälen und hacken. Den Knoblauch schälen und zerdrücken. Die Rosmarinnadeln von den Zweigen streifen.

Das Butterschmalz in einem großen Topf erhitzen und die Zwiebeln darin anschwitzen. Die Kaninchenteile salzen und pfeffern und mit dem Suppengrün dazugeben. Alles kurz anbraten.

Dann Knoblauch und Rosmarin zugeben. Mit etwas Fleischbrühe und Rotwein ablöschen und zugedeckt ca. 30 Minuten schmoren lassen. Dabei nach und nach die restliche Fleischbrühe und den restlichen Wein zugießen.

Am Schluss das Fleisch herausnehmen. Die Sauce durch ein Sieb passieren. Zum Binden sofort Mehl und Butter einrühren. Mit Salz und Pfeffer abschmecken.

Dazu passen Bandnudeln oder Spätzle.

Für 4 Personen:

1 küchenfertiges
   Kaninchen (ca. 1,4 kg)
1 Bund Suppengrün
   (Lauch, Möhre, Sellerie)
2 Zwiebeln
3 Knoblauchzehen
2 Zweige Rosmarin
1 EL Butterschmalz
Salz, Pfeffer
200 ml Fleischbrühe
750 ml Rotwein
1 EL Mehl
1 EL Butter

Rehgulasch mit Pfiff(erlingen)

Weil es bei uns immer Spätzle zum Reh gibt, nehmen wir einen Lemberger aus Württemberg oder einen badischen Spätburgunder. In der Variante mit Pilzen empfehlen wir frische Pfifferlinge. Wenn's die nicht gibt, gehen auch kleine Champignons.

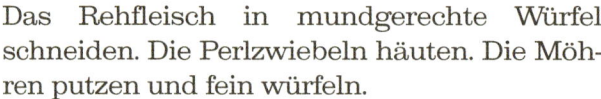

Das Rehfleisch in mundgerechte Würfel schneiden. Die Perlzwiebeln häuten. Die Möhren putzen und fein würfeln.

Das Öl in einem großen Topf erhitzen. Die Perlzwiebeln und Möhren darin anbraten, bis sie Farbe nehmen. Dann herausnehmen und beiseitestellen.

Die Fleischwürfel im Topf von allen Seiten gut anbraten. Salzen und mit Paprikapulver bestreuen. Tomatenmark anschwitzen. Den Wein aufgießen. Wacholderbeeren, Nelken und Lorbeerblätter dazu. Etwa 1 Stunde bei mittlerer Hitze schmoren lassen.

Die Pilze mit einer Bürste gut putzen. In einer separaten Pfanne in Butter kurz anbraten. Den gesamten Pfanneninhalt zusammen mit den Perlzwiebeln und Möhren zum Gulasch geben. Noch 10–15 Minuten ziehen lassen.

Dazu gibt es bei uns – wie eingangs gesagt – immer handgeschabte Spätzle. Kartoffelpüree ist sicher auch eine Alternative. Wer noch mehr Gemüse wünscht, dem empfehlen wir Rotkohl.

Für 4 Personen:

1 kg Rehfleisch (aus der Keule)
200 g Perlzwiebeln
2 Möhren
6 EL Bratöl
Salz
1 EL edelsüßes Paprikapulver
1 EL Tomatenmark
500 ml Lemberger oder Spätburgunder
5 Wacholderbeeren
2 Nelken
2 Lorbeerblätter
250 g frische Pfifferlinge
1 EL Butter

Bret à Porter

Unsere Portwein-Preiselbeer-Sauce passt hervorragend zu vielen Wildbretgerichten: Reh, Hirsch und eben Wildschwein.

Den Backofen mit einem Bräter auf der mittleren Schiene auf 180 °C vorheizen.

Die Schalotten häuten, die Möhren putzen und grob würfeln. Das Fleisch waschen, gut abtrocknen und rundum salzen. Das Fett darf dranbleiben, das macht den Braten saftiger.

In einer großen Pfanne das Gemüse in Öl anbraten, bis es Farbe annimmt. Danach herausnehmen und beiseitestellen. Noch etwas Öl in die Pfanne geben, stark erhitzen und das Fleisch von allen Seiten gut anbraten.

Die Keule samt Bratensatz in den Bräter geben, evtl. noch etwas Öl nachgießen. Die Kräuter und Gewürze dazu. 300 ml Portwein aufgießen. Nach 10–15 Minuten das Fleisch wenden und die Brühe aufgießen. Schalotten und Möhren dazugeben. Zugedeckt etwa 2 Stunden schmoren.

Preiselbeeren und Crème fraîche mit dem restlichen Portwein verrühren.

Den Ofen ausschalten. Das Fleisch herausnehmen und in Alufolie wickeln. Die Flüssigkeit durch ein Sieb in einen Topf gießen und erhitzen. Das Gemüse durch das Sieb passieren. Die Portwein-Preiselbeer-Mischung unterrühren. Das Fleisch wieder in den noch warmen Ofen stellen.

Die Sauce bis zur gewünschten Konsistenz und Menge einkochen. Mit Salz und evtl. mit frisch gemahlenem Pfeffer abschmecken.

Für 4 Personen:

200 g Schalotten
200 g Möhren
1 ½ kg Wildschweinkeule (ausgebeint)
Salz
4 EL Bratöl
1 Zweig Rosmarin
5 Salbeiblätter
2 Zweige Thymian
10 schwarze Pfefferkörner
400 ml halbtrockener Portwein
250 ml Gemüsebrühe
3 EL Preiselbeeren
3 EL Crème fraîche
Salz, Pfeffer

Tipps: Sollte die Sauce noch zu dünnflüssig sein, etwas abkühlen lassen und kleine Stückchen eiskalter Butter einrühren.
Mit Hagebuttenmark erhält man eine lohnenswerte Variante zu den Preiselbeeren.

Geflügel

Drei-C-Huhn

Chili, Chardonnay, Citronen – nicht zu vergessen: der Cnoblauch.

Das Huhn waschen und trocken tupfen. Bürzel und Halsansatz abschneiden. Dann das Huhn mit einer Geflügelschere in 8 Teile zerlegen und in eine Auflaufform legen.

Die Zitronen auspressen, die ausgepressten Hälften beiseitelegen. Den Knoblauch schälen und fein hacken. Die Chilis putzen, entkernen und ebenfalls fein hacken.

Zitronensaft, Knoblauch und Chilis mit Wein und Honig gut vermischen. Die Hähnchenteile mit der Mischung bestreichen und die ausgepressten Zitronenhälften dazugeben. 2 Stunden einziehen lassen, dabei alle halbe Stunde die Hähnchenteile erneut bepinseln.

Die Hähnchenteile mit der Hautseite nach oben in der Auflaufform zurechtlegen. Die Zitronenhälften obenauf platzieren. Im 200 °C heißen Backofen ca. 45 Minuten garen, dabei gelegentlich die Hähnchenteile umdrehen. Wenn sie goldbraun sind, mit Salz und Pfeffer würzen.

Die Petersilie waschen, trocken schleudern und fein hacken. Vor dem Servieren über das Hähnchen streuen.

Dazu passt noch ein C: Ciabatta.

Für 4 Personen:

1 Huhn (ca. 1,75 kg)
4 unbehandelte reife
  Zitronen
8 Knoblauchzehen
2 rote Chilischoten
125 ml Chardonnay
2 EL Honig
Salz, Pfeffer
½ Bund Petersilie

Sherry-Hähnchen

Das andalusische Gegenstück zu unserem Schützenfest heißt Feria. Statt Bierzelten stehen dort Sherry-Zelte, die Leute tanzen Sevillanas ... man sollte mal wieder hin. Oder das Spanien-Weh mit dem »Pollo al Jerez« stillen. Sherry heißt auf Spanisch »Vino de Jerez«.

Den Knoblauch schälen und hacken. Den Sherry in einem Topf aufkochen lassen, Knoblauch und Honig einrühren und die Hitze reduzieren. Noch 1–2 Minuten köcheln lassen, dann vom Herd nehmen und etwas abkühlen lassen.

Das Hähnchen mit einer Geflügelschere in 8 Teile zerlegen. Diese mit kaltem Wasser abspülen und mit Küchenpapier trocken tupfen, danach salzen und pfeffern.

Die Hähnchenteile in eine Schüssel legen und mit der Sherry-Mischung übergießen. Im Kühlschrank zugedeckt mindestens 12 Stunden ziehen lassen.

Dann die Teile aus der Marinade nehmen und mit Küchenpapier trocken tupfen. Reichlich Öl in einer tiefen Pfanne erhitzen und die Hähnchenstücke darin rundum anbraten. Die Hitze reduzieren und die Marinade über das Hähnchen gießen. Deckel drauf und bei geringer Hitze ca. 25 Minuten schmoren lassen. Ab und zu die Teile wenden.

Die Tomaten waschen und zusammen mit den Pinienkernen in der Pfanne verteilen. Wieder zudecken und nochmals 5–10 Minuten schmoren lassen. In einer flachen vorgewärmten Schüssel servieren.

Für 4 Personen:

4 Knoblauchzehen
250 ml Sherry
   (Amontillado)
2 EL Honig
1 Hähnchen (ca. 1 kg)
Salz, Pfeffer
Öl zum Braten
8 Cocktailtomaten
2 EL Pinienkerne

Coq au Vin

Wir haben es mit Bier getan – und fürs Fernsehteam des Bayerischen Rundfunks einen Coq au bock zubereitet. Das Rezept haben wir auch noch mit einem Islay-Whisky verfeinert. Wir können's aber auch ganz klassisch. Hier unser Coq au Vin.

Das Hähnchen waschen, trocken tupfen und in 4 Teile schneiden. An einigen Stellen die Haut einritzen. Schalotten und den Knoblauch häuten, Pilze putzen und zusammen mit den Gewürzen und Kräutern in eine Schüssel geben. Mit dem Wein aufgießen und die Hähnchenteile darin mindestens 24 Stunden im Kühlschrank marinieren.

Das Hähnchen aus der Marinade nehmen, gut abtropfen lassen und in Mehl wenden. Die Marinade über ein Sieb abgießen (nicht wegschütten!).

Das Hähnchen in Olivenöl in einem feuerfesten Topf von allen Seiten gut anbraten und wieder herausnehmen. Tomatenmark anschwitzen und Schalotten, Knoblauch und Champignons zugeben. Dann das Hähnchen wieder in den Topf, alles mit der Marinade aufgießen. Kräftig aufkochen lassen.

Den Topf für etwa 30 Minuten in den auf 200 °C vorgeheizten Backofen stellen. Bei Bedarf Butter zum Abbinden in die Sauce rühren.

Dazu passt Kartoffelpüree oder einfach nur Weißbrot zum Tunken.

Für 4 Personen:

1 Hähnchen (ca. 1 kg)
150 g kleine Schalotten
5 Knoblauchzehen
150 g kleine Champignons
je 1 TL Salz, Pfeffer, Zucker
1 Zweig Thymian oder Rosmarin
1 Lorbeerblatt
500 ml Burgunder
Mehl
Olivenöl zum Anbraten
1 EL Tomatenmark
evtl. 1 EL Butter

Szechuan-Hühnchen

Früher war Reiswein hierzulande schwer zu bekommen. Deshalb wurde und wird er in der asiatischen Küche durch Sherry (medium oder dry) ersetzt. Das hat sich bewährt. Die chinesische Provinz Sichuan (Szechuan ist eine frühere deutsche Schreibweise, die sich noch im Szechuan-Pfeffer gehalten hat) ist berühmt für ihre scharfen Gerichte.

Die Hühnerbrüste in mundgerechte Stücke schneiden, mit der Chilipaste und dem Sesamöl gut vermischen und im Kühlschrank kalt stellen. Die Pilze putzen und in etwa 1 cm breite Streifen schneiden. Die Zuckererbsen waschen und je nach Größe halbieren oder dritteln.

Erdnussöl im Wok erhitzen, bis es flimmert. Das marinierte Hühnerfleisch darin 2–3 Minuten unter ständigem Rühren anbraten, dann die Zuckererbsen und die Pilze dazu, nach weiteren 1–2 Minuten mit Sherry ablöschen und danach die Cashewnüsse untermischen. Mit der Sojasauce ablöschen, gut durchrühren. Den Koriander waschen, trocken schleudern, schneiden und vor dem Servieren darüberstreuen.

Dazu Reis.

Für 4 Personen:

800 g Hühnerbrustfilet
2 EL Chilipaste (Sambal Oelek)
1 EL Sesamöl
200 g frische Shiitake-Pilze
200 g Zuckererbsen
Erdnussöl zum Anbraten
100 ml Sherry
100 g ungesalzene Cashewnüsse
2–3 EL Sojasauce
1 Bund Koriandergrün

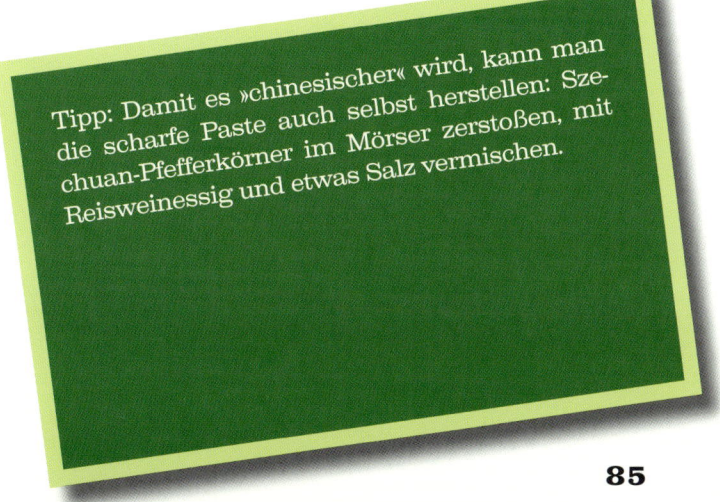

Tipp: Damit es »chinesischer« wird, kann man die scharfe Paste auch selbst herstellen: Szechuan-Pfefferkörner im Mörser zerstoßen, mit Reisweinessig und etwas Salz vermischen.

Entenbrust Orange-Rot

Der Canard à l'orange wird ja mit China-Apfel (Apfelsine) zubereitet. Das hat uns auf die Idee gebracht, die Ente nicht nur mit Wein zu veredeln, sondern ihr auch einen Hauch von Asien zu verleihen. Beim Wein greifen wir aber auf ein französisches Gewächs zurück: Bordeaux.

Die Entenbrüste waschen, abtrocknen und auf der Hautseite einritzen. In einer gusseisernen Pfanne ohne Zugabe von Fett auf der Hautseite scharf anbraten, bis die Haut knusprig braun ist (ca. 5–7 Minuten). Dann wenden und bei reduzierter Hitze weitere 5 Minuten anbraten. Die Entenbrüste herausnehmen, in Alufolie wickeln und ruhen lassen.

Den Knoblauch häuten und achteln. Die Orangen schälen, in die einzelnen Schnitze teilen und entkernen.

Etwas Sesamöl zum ausgelassenen Entenfett in die Pfanne geben und den Knoblauch darin kurz anbraten. Die Orangen dazugeben. Nach 3–4 Minuten mit dem Wein ablöschen. Den Wein etwas einkochen lassen, dann die Sojasauce dazu. Den Ingwer fein schneiden oder mit einer feinen Reibe in die Sauce raspeln.

Die Entenbrüste in mundgerechte Stücke schneiden und mit der Haut in die Sauce geben. 15–20 Minuten köcheln lassen. Die Frühlingszwiebeln waschen, putzen und in dünne Ringe schneiden. Den Koriander waschen, trocken schütteln und zerrupfen. Beides vor dem Servieren darüberstreuen.

Auf Basmatireis servieren.

Für 4 Personen:

2–3 Flugentenbrüste (insgesamt ca. 600–750 g)
1 Knolle Chinaknoblauch
2 Orangen
1 EL Sesamöl
100 ml Bordeaux
4 EL helle Sojasauce
20 g frischer Ingwer
2 Frühlingszwiebeln
1 Bund frischer Koriander

Fisch und Meeresfrüchte

Fischfilet Gärtnerin

Einmal quer durch den Kräutergarten.

Die Fischfilets waschen, trocken tupfen, mit Zitronensaft beträufeln und salzen. Öl in einem Topf erhitzen und den Fisch darin kurz auf beiden Seiten anbraten. Den Wein mit dem Sauerrahm verquirlen und darübergießen. Deckel drauf und das Ganze ca. 10 Minuten köcheln lassen.

In der Zwischenzeit die Kräuter waschen, trocken schleudern und fein hacken. Zum Fisch geben und 3–4 Minuten mitköcheln lassen.

Dazu passen Bandnudeln oder Salzkartoffeln.

Für 4 Personen:

800 g Fischfilets (z. B. Kabeljau oder Seelachs)
Saft von ½ Zitrone
Salz
2 EL Öl
120 ml Weißwein
1 EL Sauerrahm
200 g frische Kräuter (z. B. Petersilie, Estragon, Kerbel, Pimpinelle, Schnittlauch, Minze)

Forelle Weiß-Blau

Bei uns in Franken sind die Farben nicht bayerisch weiß-blau, sondern rot-weiß. Weiß-blau bezieht sich nur auf die Zubereitung: mit einem weißen Frankenwein und nicht gebraten (also nicht auf Müllerin-Art – trotz des Müller-Thurgaus), sondern blau. Und obwohl hier Karpfenland ist, gibt es auch köstliche Forellen.

Die Fische vorsichtig mit Wasser abwaschen, innen salzen und in eine flache Form (z. B. Auflaufform oder Bräter) legen.

Den Essig erhitzen und über die Forellen gießen. Das Suppengrün putzen und klein schneiden. Die Zwiebeln schälen und halbieren. Wasser und Wein in einem großen, flachen Topf mit dem Gemüse und den Gewürzen aufkochen und etwa 30 Minuten leicht köcheln lassen.

Den Herd eine Stufe herunterdrehen und die Forellen in den Sud legen, der höchstens noch leicht sieden sollte. Den Essig dazugießen. Die Forellen je nach Größe 10–15 Minuten ziehen lassen.

Die Petersilie waschen, trocken schleudern und fein hacken. Die Forellen mit einem Schaumlöffel aus dem Sud heben und auf vorgewärmte Teller verteilen. Mit Petersilie bestreuen.

Dazu passen Pellkartoffeln. Statt zerlassener Butter geben wir 2–3 Esslöffel vom Sud über jeden Teller.

Für 4 Personen:

4 küchenfertige Forellen
Salz
100 ml Weißweinessig
1 Bund Suppengrün
  (Lauch, Möhre, Sellerie)
2 Zwiebeln
1 ½ l Wasser
750 ml trockener fränkischer Müller-Thurgau
2 Lorbeerblätter
5 Wacholderbeeren
1 TL schwarze Pfefferkörner
½ Bund glatte Petersilie

Tipp: Die Fische nicht mit trockenen Händen anfassen, abtupfen oder gar schuppen, denn das könnte die Schleimschicht verletzen. Und die ist es, die die Forelle blau macht – nicht der Alkohol.

Kabeljau im Wurzelsud

Den Backofen auf 200 °C vorheizen und eine gefettete Auflaufform darin erhitzen. Die Petersilienwurzeln und Möhren putzen, würfeln und in die Auflaufform geben. Den Wein aufgießen und alles ca. 15 Minuten im Ofen vorgaren.

Inzwischen die Fischfilets waschen, abtrocknen, salzen, pfeffern und mit Zitronensaft beträufeln. Zum Gemüse in die Form geben und ca. 15 Minuten garen. Dann wieder herausnehmen. Den Sud mit Mehl eindicken. Den Fisch wieder hineinlegen, die Käsescheiben darüber verteilen und zurück in den Ofen schieben, bis der Käse geschmolzen ist.

Dazu passen Pellkartoffeln und grüner Salat.

Für 4 Personen:

Fett für die Form
200 g Petersilienwurzeln
200 g Möhren
250 ml Weißwein
600 g Kabeljaufilet
Salz, Pfeffer
2 TL Zitronensaft
2–3 TL Mehl
3–4 Scheiben Emmentaler oder Gouda

Lachs Royal

Der König der Fische wird hier in Champagner getauft – was übrig bleibt, wird dazu getrunken.

Die Tomaten waschen, halbieren, entkernen und in Würfel schneiden. Die Zwiebel schälen und fein würfeln. Die Kräuter waschen und trocken schleudern. Die Blätter von den Stängeln streifen und fein hacken.

Die Hälfte der Butter in einer Pfanne erhitzen. Die Zwiebel darin bei mittlerer Hitze glasig dünsten, dann die Tomaten und die Kräuter dazugeben und ca. 5 Minuten mitdünsten. Zum Schluss salzen.

Dann alles in eine feuerfeste Form geben. Die Lachsfilets waschen, mit Küchenpapier trocken tupfen, auf das Tomatenbett legen und mit dem Champagner übergießen. Auf der mittleren Schiene des auf 180 °C vorgeheizten Backofens ca. 30 Minuten backen.

Die Form aus dem Ofen nehmen, den Lachs herausnehmen und auf einer Servierplatte warm stellen. Die Sauce durch ein Sieb in eine Schüssel passieren.

Die restliche Butter in einer Pfanne erhitzen und das Mehl darin anschwitzen. Die Sauce unter Rühren dazugießen. Dann die Sahne einrühren und alles weitere 5 Minuten köcheln lassen. Vor dem Servieren den Lachs mit der Sauce übergießen.

Dazu passt Reis.

Für 4 Personen:

300 g Tomaten
1 Zwiebel
2 Stängel Estragon
2 Stängel Thymian
80 g Butter
1 Lorbeerblatt
Salz
4 Lachsfilets (je ca. 150 g)
500 ml Champagner
2 EL Mehl
2 EL Sahne

Rotweinbarben

Fisch verlangt nicht immer nach Weißwein. Es darf auch mal ein Roter sein – vor allem, wenn es der Name schon nahelegt. Zu den Rotbarben nehmen wir einen leichten französischen Landwein.

Schalotten schälen und würfeln. Die Tomate mit heißem Wasser übergießen, häuten und in kleine Würfel schneiden. Den Knoblauch schälen und zerdrücken.
Die Schalotten in Olivenöl anbraten. Das Tomatenmark mit anschwitzen. Mit dem Wein ablöschen und die Kräuter dazugeben. Das Ganze aufkochen und ca. 30 Minuten köcheln lassen, mit Salz abschmecken. Die Fischfilets waschen und trocken tupfen. Dann in die Sauce legen und ca. 5 Minuten mitkochen.

Dazu passen Brot, Pellkartoffeln oder Reis und ein bunter Salat.

Für 4 Personen:

6–8 Schalotten
1 große Ochsenherz-
    Tomate (oder ca. 250 g
    andere Fleischtomaten)
2 Knoblauchzehen
Olivenöl zum Anbraten
1 EL Tomatenmark
200 ml Rotwein
1 EL Kräuter der
    Provence
Salz
400 g Rotbarbenfilets

Tipp: Schmeckt auch als Pastasauce. Dafür schneidet man die Rotbarbenfilets vor dem Kochen in kleine Stücke.

Sardinhas Verdes

Im Vinho Verde, dem »grünen« – sprich: frischen – Wein aus Portugals Norden schwimmen die Sardinen besonders gut. Den Vinho Verde gibt es weiß und rot. Wir nehmen einen Weißen.

Die Sardinen gut waschen, außen und innen trocken tupfen und salzen und mit der Hälfte des frisch gemahlenen Pfeffers bestreuen. In Mehl wenden.
Die Zwiebeln schälen und in dünne Ringe schneiden. Den Knoblauch schälen, halbieren und anquetschen.
Die Pinienkerne in einer Pfanne ohne Öl bei geringer Hitze goldbraun anrösten. Immer in Bewegung halten, damit sie nicht anbrennen! Danach herausnehmen und beiseitestellen.
Olivenöl in die Pfanne geben und die Sardinen von jeder Seite ca. 2–3 Minuten braten. Herausnehmen und in eine abdeckbare Schale legen.
Den Bratensatz mit Wein und Essig ablöschen. Die Zwiebelringe, den Knoblauch, die restlichen Pfefferkörner und die Lorbeerblätter dazu. Alles aufkochen und bei mittlerer Hitze 10 Minuten ziehen lassen.
Die Sardinen mit den Pinienkernen bestreuen und mit dem heißen Sud übergießen, zudecken, abkühlen lassen und dann für mehrere Stunden zugedeckt in den Kühlschrank stellen.
Mit der Marinade servieren.

Einfach Weißbrot dazu (zum Tunken) – oder wenn's was Warmes sein soll: Bratkartoffeln.

Für 4 Personen:

10–12 küchenfertige
    Sardinen (je ca. 80 g)
Salz
2 EL grüne Pfefferkörner
Mehl
2 große Zwiebeln
2–3 Knoblauchzehen
30–40 g Pinienkerne
4 EL Olivenöl
150 ml Vinho Verde
50 ml Weißweinessig
3 Lorbeerblätter

Elektras Oktopus

Unsere griechische Freundin hat von ihrer Mutter gelernt, wie man Oktapodi Krasato, also Tintenfisch in Wein, zubereitet; die wiederum hat es von ihrer Mutter, die von ihrer … und wir haben es von Elektra gezeigt bekommen. Efcharisto!

Den Tintenfisch – falls das nicht schon der Fischhändler erledigt hat – ausnehmen. Die Fangarme abschneiden, den Tintensack, die Augen, die Kauwerkzeuge und das Fischbein (den Schulp) entfernen. Evtl. die Haut vom Körper abziehen – bei kleineren Tintenfischen ist dies nicht nötig. Den Körperbeutel und die Fangarme waschen, trocken tupfen und in ca. 2 cm dicke Stücke schneiden.

Die Schalotten schälen und vierteln. Das Olivenöl in einem flachen Topf erhitzen und den Tintenfisch darin sehr scharf anbraten. Die Schalotten dazugeben und ebenfalls kurz anbraten. Dann mit dem Wein ablöschen. Der Tintenfisch muss von Wein bedeckt sein – bei Bedarf noch etwas nachgießen.

Die Tomaten waschen, putzen und mit dem Essig und den Lorbeerblättern dazugeben. Jetzt den Deckel drauf und bei niedriger Hitze mindestens 2 Stunden köcheln lassen, dabei öfter umrühren. Elektra lässt ihren Oktopus auch schon mal 4 Stunden auf dem Herd – je länger, je besser, sagt sie. Mit Salz und Pfeffer abschmecken.

Wenn sich der Tintenfisch weich anfühlt und die Sauce sämig ist, kann serviert werden.

Dazu ganz einfach Weißbrot.

Für 4 Personen:

1 kg Tintenfisch
4 Schalotten
120 ml Olivenöl
300 ml trockener
 griechischer Rotwein
 (z. B. Demestica)
8 Kirschtomaten
1 EL Rotweinessig
4 Lorbeerblätter
Salz, Pfeffer

Tipp: Am besten bestellt man die Tintenfische beim Fischhändler vor – der nimmt sie auf Wunsch auch aus. Elektra hat auch schon tiefgefrorene verwendet. Die muss man vorher auftauen, damit nicht zu viel Flüssigkeit ins Gericht kommt.

Reis-Wein-Nudeln mit Krabben

Funktioniert natürlich auch mit Reiswein. Uns schmeckt's mit einem Riesling besser.

Die Pilze unter fließendem kalten Wasser gut abspülen und dann ca. 30 Minuten in lauwarmem Wasser einweichen. Die Krabben abspülen und gut abtropfen lassen. Frühlingszwiebeln waschen, putzen und in 3–4 cm lange Stücke schneiden (es darf gerne ein gutes Stück ins Grüne gehen).

Die Reisnudeln nach Packungsangabe entweder mit heißem Wasser übergießen oder in lauwarmem Wasser einweichen. Danach abgießen und gut abtropfen lassen. Evtl. mit einer Schere durchschneiden, damit sie etwas kürzer werden. Die Pilze abgießen und gut abtropfen lassen.

Bratöl im Wok erhitzen. Krabben und Pilze etwa 2 Minuten braten, dann für 1 Minute die Frühlingszwiebeln dazugeben. Mit dem Wein ablöschen und alles mitsamt der Flüssigkeit aus dem Wok in eine Schüssel füllen.

Noch etwas Bratöl in den Wok und die Nudeln 1–2 Minuten darin anbraten. Das Gemüse samt Flüssigkeit wieder dazugeben, Reisessig und Austernsauce dazu, gut durchmengen und noch 3–4 Minuten köcheln lassen. Den Koriander waschen, trocken schleudern, hacken und vor dem Servieren darüberstreuen.

Für 4 Personen:

15 g getrocknete Mu-Er-
  (Baumohren-)Pilze
200 g geschälte Garnelen
  (Shrimps)
1 Bund Frühlings-
  zwiebeln
250 g Reisnudeln
Bratöl
4 EL Riesling
1 EL Reisessig
1 EL Austernsauce
½ Bund Koriander

Tipp: Reisnudeln sehen den Glasnudeln (aus Mungbohnenmehl) sehr ähnlich. Zum Braten sind sie aber besser geeignet, Glasnudeln dagegen eher für Suppen und Salate.

Asia-Garnelen

**In der Weinteigvariante als Vorspeise oder
als Teil eines chinesischen Menüs.**

Mehl, Sherry, Eier und Sesamöl zu einem Teig
verrühren.

Die Scampi auslösen, den Darm vorsichtig
entfernen, waschen und trocken tupfen. Anschließend durch den Teig ziehen.

Erdnussöl im Wok erhitzen und die Scampi
darin goldbraun frittieren. Danach kurz auf
Küchenpapier abtropfen lassen.

Vor dem Reinbeißen in Sojasauce tunken.

Für 4 Personen:

150 g Mehl
100 ml trockener Sherry
2 Eier
1 EL helles Sesamöl
500 g Scampi oder
   Garnelenschwänze
Erdnussöl zum Frittieren
Sojasauce zum
   Eintunken

Muscheltopf

Die Muscheln in kaltem Wasser waschen, Bärte abschneiden oder mit den Fingern abziehen. Offene oder beschädigte Muscheln aussortieren.

Den Sellerie putzen und in dünne Scheiben schneiden. Zwiebel und Knoblauch schälen und klein schneiden. Die Kirschtomaten waschen und halbieren. Den Thymian waschen und abtrocknen.

Die Zwiebel in Olivenöl anschwitzen. Wenn sie glasig ist, den Sellerie und den Knoblauch dazugeben, dann die Tomaten und den Thymian. Anschließend die Muscheln 2–3 Minuten mit anschwitzen. Wein und Brühe aufgießen und kochen, bis sich die Muscheln öffnen (nach ca. 10 Minuten). Jetzt die ungeöffneten Muscheln mit dem Schaumlöffel herausfischen und wegwerfen. Mit Salz und Pfeffer abschmecken. Zum Schluss die Petersilie waschen, trocken schleudern und fein gehackt über den Muscheltopf streuen.

Wir machen's belgisch und servieren Pommes frites dazu – und zwar große, grobe aus selbst geschnittenen Kartoffeln.

Für 4 Personen:

2 ½ kg Miesmuscheln
2 Stangen Staudensellerie
1 große Gemüsezwiebel
4 Knoblauchzehen
5 Kirschtomaten
2–3 Zweige Thymian
Olivenöl zum Anbraten
300 ml trockener Weißwein
500 ml Gemüsebrühe
Salz, Pfeffer
1 kleiner Bund Petersilie

Medizin Wein? In Maßen genossen!

Wein ist gesund. Das wissen wir spätestens seit Ende der 1970er-Jahre, als Mediziner sich über die Franzosen wunderten. Die hatten nämlich weniger Herzinfarkte als Menschen in anderen Ländern, obwohl sie viel und fett aßen und danach gerne mal zur Zigarette griffen. Der Grund für dieses »französische Paradox« war bald entdeckt: das tägliche Gläschen Rotwein. Er enthält laut der Deutschen Weinakademie z. B. viele wichtige Mineralien und Spurenelemente wie Kalium, Magnesium, Eisen, Mangan und Kupfer. Dazu kommen noch Hunderte verschiedener sekundärer Pflanzenstoffe wie Phenolcarbonsäuren, Tannine, Proanthocyanidine und Anthocyane sowie zahlreiche weitere Phenolsäuren. Diese sollen gegen Arterienverkalkung wirken, den Cholesterinwert senken, Krebs und Demenzerkrankungen und sogar dem Metabolischen Syndrom und dem daraus folgenden Übergewicht vorbeugen. Ja, Sie haben richtig gelesen, Übergewicht – und das trotz der zusätzlichen Kalorien, die mit dem Wein aufgenommen werden. Anscheinend verändern bestimmte Inhaltsstoffe im Wein Proteine, die den Stoffwechsel regeln. Eine amerikanische Forschergruppe fand heraus, dass Menschen, die in Maßen (in, nicht aus – diesen Kalauer sparen wir uns hier) Wein tranken, bei vergleichbarer Lebensweise weniger auf die Waage brachten als die Kontrollgruppe. Der Effekt trat bei Rot- wie bei Weißweingenuss ein. Flaschenweise sollte man sich die edlen Tropfen aber nicht einverleiben. Denn bei allen Studien zeigten sich positive Ergebnisse nur bei mäßigem Weinkonsum. Dieser wird normalerweise bei Frauen mit nicht mehr als 20 g Alkohol und bei Männern mit 30 g Alkohol definiert, also 0,2 bis max. 0,4 l Wein. Dringend empfohlen wird zum Weingenuss ein gutes Essen. Da haben wir Weinkocher doppelt gute Karten. Erstens, weil der Alkohol sich beim Kochen um einiges reduziert, also noch Manövriermasse für das Glas zum Essen hergibt. Und zweitens, weil fürs gute Essen sowieso gesorgt ist.

Pasta Wein

Spaghetti Carbonara

Wir haben die Carbonara-Sauce nie mit Wein gemacht. Fürs Schnapskochbuch haben wir sie mit Grappa verfeinert. Dann gab uns Barbaras Schwester Christine den Hinweis auf Marcella Hazans Rezeptsammlung »Die klassische italienische Küche«. Wir haben den Tipp gleich aufgegriffen und das Rezept mit unserer Kräuter-Carbonara kombiniert.

Die Kräuter waschen, trocknen, fein hacken und mit der Sahne und den Eiern gut verrühren. Den Speck in schmale Streifen schneiden und in einer hohen Pfanne in etwas Olivenöl bei mittlerer Hitze anbraten.
Die Nudeln bissfest kochen, abgießen und zum Speck in die Pfanne geben. Den Wein dazugießen. 1 Minute einkochen lassen, dann die Kräuter-Sahne-Eier-Mischung darübergeben und alles gut durchmengen. Bei Bedarf mit Salz abschmecken. Nach 2–3 Minuten vom Herd nehmen und auf 4 Teller verteilen. Reichlich frisch gemahlenen schwarzen Pfeffer darüberstreuen.

Für 4 Personen:

1 Bund frische Kräuter (z. B. Estragon, Kerbel, Schnittlauch, Pimpinelle, Petersilie)
250 ml Sahne
2 Eier
150 g Räucherspeck
1 EL Olivenöl
500 g Spaghetti
4 EL Frascati
Salz, Pfeffer

Spaghetti Bolognese

Die Bolognese-Sauce bereiten wir auch gerne mal als Bocklognese mit Bier zu. Aber standardmäßig greifen wir doch zum italienischen Rotwein. Darum darf das Rezept hier keinesfalls fehlen.

Die Zwiebel und den Knoblauch schälen und fein bzw. sehr fein schneiden.

Das Hackfleisch in reichlich Olivenöl anbraten. Mit dem Kochlöffel so zerteilen, dass es möglichst feinkörnig ist und rundum schnell Farbe annimmt. Dann die Zwiebeln und den Knoblauch mit anbraten. Für das Tomatenmark etwas Platz auf dem Topfboden schaffen, im zurücklaufenden Öl bzw. Fleischsaft 1–2 Minuten anschwitzen und dann mit Wein ablöschen. Oregano, Salz und reichlich frisch gemahlenen schwarzen Pfeffer dazugeben. Alles gut durchmischen.

Die Tomaten grob pürieren und darübergießen. Wieder alles gut durchmischen, kurz aufkochen und dann mindestens 30 Minuten, besser noch 1 Stunde köcheln lassen.

Den Parmesan reiben. Die Spaghetti bissfest kochen.

Die Spaghetti abgießen und auf tiefe Teller verteilen, mit Bolognese-Sauce und Parmesan servieren.

Dazu passt ein grüner oder bunter Salat.

Für 4 Personen:

1 Zwiebel
3 Knoblauchzehen
400 g Rinderhackfleisch
5 EL Olivenöl
1 TL Tomatenmark
100 ml Rotwein
1–2 TL Oregano
Salz, Pfeffer
1 Dose geschälte
   Tomaten (ca. 400 g)
80 g Parmesan
500 g Spaghetti

Sommer-Nudeln mit Amarone

Mit dem Amarone ist es ein bisschen wie mit dem fränkischen Rauchbier – der erste Schluck erschreckt den Gaumen. Beim zweiten denkt man sich: »Ist doch eigentlich gar nicht so schlecht.« Und ab dem dritten will man noch einen vierten, fünften, sechsten … In unser Pasta-Rezept kommt aber nur ein kleiner Schluck, der für genau das richtige Quäntchen Herbheit sorgt.

Den Knoblauch schälen und fein hacken. Die Tomaten waschen und halbieren. Den Rucola waschen und trocken schleudern.
Die Tagliatelle nach Packungsangabe bissfest kochen.
Das Öl in einer Pfanne erhitzen und den Knoblauch darin kurz anbraten. Die Tomaten dazugeben und unter ständigem Rühren 1–2 Minuten mitbraten. Den Amarone darüberträufeln und den Rucola unterheben. Die Pfanne vom Herd nehmen, die Mischung mit Salz und Pfeffer würzen und mit den abgegossenen Nudeln vermengen.

Wer mag, reibt noch ein bisschen Parmesan drüber.

Für 4 Personen:

2 Knoblauchzehen
500 g Cocktailtomaten
175 g Rucola
500 g Tagliatelle verde
4 EL Olivenöl
2 EL Amarone
Salz, Pfeffer
evtl. Parmesan

Tagliatelle al Salice e Salmone

Die Tomaten klein schneiden und im Wein einweichen. Das Fischfilet waschen, trocken tupfen und in dünne Streifen schneiden. Die Schalotten schälen, fein würfeln und im Olivenöl glasig braten.

Den Lachs dazugeben, nach 2–3 Minuten den Wein mit den Tomaten dazugießen. Die Crème fraîche einrühren. Mit Salz und Pfeffer abschmecken. Alles 10 Minuten köcheln lassen. Währenddessen die Tagliatelle al dente kochen.

Die Petersilie waschen, trocken schleudern, hacken und in die Sauce geben.

Für 4 Personen:

50 g getrocknete Tomaten
100 ml Salice Salentino
200 g Lachsfilet
2 Schalotten
4 EL Olivenöl
4–5 EL Crème fraîche
Salz, Pfeffer
400 g Tagliatelle
3–4 Stängel glatte Petersilie

Penne Primitivo

Der schwere Rotwein aus Italiens Süden harmonisiert wunderbar mit Tomaten.

Die Zwiebel schälen, fein schneiden und im Olivenöl anbraten – nicht braun werden lassen! Das Tomatenmark mit anschwitzen. Mit dem Wein ablöschen und die Flüssigkeit etwa zur Hälfte einkochen.

Die Tomaten grob pürieren und dazugeben. Mit Oregano würzen und mit Salz und Pfeffer abschmecken. Etwa 30 Minuten köcheln lassen.

Die Pasta bissfest kochen.

Das Basilikum waschen, trocken schleudern und die Blätter abzupfen. Die Sauce über die Nudeln geben und mit Basilikum garnieren.

Für 4 Personen:

1 Zwiebel
2 EL Olivenöl
1 TL Tomatenmark
200 ml Primitivo
1 Dose geschälte Tomaten (ca. 400 g)
1 TL Oregano
Salz, Pfeffer
400 g Penne
20 Basilikumblätter

Brokkoli-Farfalle

Sahnesaucen zu Pasta schmecken fein, lagern sich aber direkt auf den Hüften an. Ersetzt man einen Teil der Sahne durch Wein, wird das Ganze leichter, spritziger und, ja, erwachsener.

Den Brokkoli waschen, trocknen und die Röschen abschneiden. In einem kleinen Topf ca. 4–5 Minuten kochen. Danach herausheben und abtropfen lassen.
Die Nudeln nach Packungsangabe kochen. Währenddessen die Zwiebel schälen und fein hacken. Das Olivenöl in einem kleinen Topf erhitzen und die Zwiebel darin glasig dünsten. Die Sahne und den Wein dazugießen und unter Rühren 4–5 Minuten einkochen lassen. Mit Salz und Pfeffer abschmecken.
Den Brokkoli zur Sauce geben und ca. 2 Minuten mit ziehen lassen. Die Nudeln abgießen und sofort mit der Sauce servieren.

Für 4 Personen:

300 g Brokkoli
500 g Farfalle
1 Zwiebel
2 EL Olivenöl
150 ml Sahne
250 ml Weißwein
Salz, Pfeffer

Ratatouille

Die Aubergine und die Zucchini waschen, putzen und in Scheiben schneiden. Die Scheiben salzen und nach ca. 15 Minuten gut abtupfen, umdrehen und das Ganze von der anderen Seite wiederholen. Die Scheiben gegebenenfalls in mundgerechte Stücke schneiden. Die Paprika waschen, halbieren, entkernen und ebenfalls mundgerecht schneiden.

Die Zwiebel und den Knoblauch schälen und fein würfeln. Die Zwiebel in einer großen Pfanne in Olivenöl glasig anbraten. Dann die Paprika und Aubergine dazugeben, und nach 2–3 Minuten folgt die Zucchini. Die getrockneten Tomaten fein hacken und mit dem Knoblauch einrühren. Gibt das Gemüse viel Flüssigkeit ab, diese mit Tomatenmark eindicken. Den Thymian dazugeben.

Mit dem Wein aufgießen, kurz aufkochen und dann ca. 20–30 Minuten schmoren lassen. Mit Pfeffer und bei Bedarf auch noch mit etwas Salz abschmecken. Zum Schluss die Petersilie waschen, trocken schleudern und fein gehackt über das Gemüse streuen.

Dazu passt Baguette oder Reis.

Für 4 Personen:

1 Aubergine
1 Zucchini
Salz
je 1 grüne, gelbe und rote
  Paprika
2 Zwiebeln
2 Knoblauchzehen
4 EL Olivenöl
3–4 getrocknete Tomaten
evtl. 1–2 TL Tomaten-
  mark
2–3 Zweige Thymian
150 ml trockener Rotwein
Pfeffer
1 kleiner Bund glatte
  Petersilie

Tipp: An heißen Tagen schmeckt Ratatouille auch kalt köstlich.

Reis(w)eintopf

Nein, nicht mit Reiswein. Denn der ist, wie schon erwähnt, eigentlich gar kein Wein, sondern wird ähnlich wie Bier gebraut. Außerdem ist unser Eintopf nicht asiatisch, sondern türkisch angehaucht.

Die Aubergine und die Zucchini waschen, putzen und in ca. 0,5 cm dicke Scheiben schneiden. Auf Küchenpapier legen und leicht salzen. Nach etwa 10-15 Minuten das ausgetretene Wasser abtupfen, die Scheiben wenden und erneut leicht salzen. Nach weiteren 10-15 Minuten gut abtrocknen.

Die Auberginenscheiben auf das Gitter des Backofens legen und auf der mittleren Schiene des auf 200 °C vorgeheizten Ofens ca. 10-12 Minuten grillen. Anschließend die Zucchinischeiben 4-5 Minuten grillen.

Den Reis aufsetzen und nach Packungsangabe kochen.

Die Möhren, die Zwiebel und den Knoblauch schälen. Die Möhren in dünne Scheiben und die Zwiebel in halbe Ringe schneiden. Den Knoblauch hacken.

Den Pul Biber und den Kreuzkümmel in einer großen Pfanne ohne Öl vorsichtig anrösten – nicht anbrennen lassen! Olivenöl dazugeben. Die Möhren, die Zwiebel und den Knoblauch anbraten. Das Tomatenmark mit anschwitzen. Mit dem Wein ablöschen. Insgesamt noch ca. 15 Minuten köcheln lassen. Nach 10 Minuten die Aubergine dazugeben, 2 Minuten vor Schluss die Zucchini.

Die Petersilie waschen, trocken schleudern und grob hacken. Ganz zum Schluss aufs Gemüse streuen. Den Reis abgießen und alles miteinander vermischen.

Für 4 Personen:

1 Aubergine
1 mittelgroße Zucchini
Salz
400 g Langkornreis
2 Möhren
1 Zwiebel
3-4 Knoblauchzehen
1-2 TL Pul Biber
 (türkisches Gewürz aus
 getrockneten Paprika-
 flocken, -samen, Salz
 und Öl)
1 TL Kreuzkümmel
3-4 EL Olivenöl
1 EL Tomatenmark
250 ml türkischer Weiß-
 wein
1 großer Bund glatte
 Petersilie

Wirsingtopf

Wirsing begleitet sonst ja gerne Gänse. Unser Wintertopf kommt dagegen ganz ohne Fleisch aus.

Den Wirsing putzen und in feine Streifen schneiden. Die Möhren und die Pastinaken schälen und in Scheiben schneiden. Die Zwiebel und den Knoblauch schälen und fein hacken. Die Chilischote waschen, halbieren, entkernen und fein schneiden.
Das Öl in einem großen Topf erhitzen. Den Kreuzkümmel und den Zimt darin kurz anbraten, dann das Tomatenmark einrühren. Die Zwiebeln und den Knoblauch ca. 1 Minute mitbraten, bevor das Gemüse zugegeben wird. Den Wein und das Wasser zugießen. Zugedeckt bei niedriger Hitze 5 Minuten köcheln lassen. Dann den Reis und die Linsen dazugeben und weitere 20 Minuten köcheln lassen. Zum Schluss mit Salz und Pfeffer abschmecken.

Für 4 Personen:

600 g Wirsing
2 Möhren
2 Pastinaken
1 Zwiebel
2 Knoblauchzehen
1 Chilischote
6 EL Öl
3 TL Kreuzkümmel
1 Zimtstange
3 TL Tomatenmark
500 ml Rotwein
600 ml Wasser
100 g Reis
100 g rote Linsen
Salz, Pfeffer

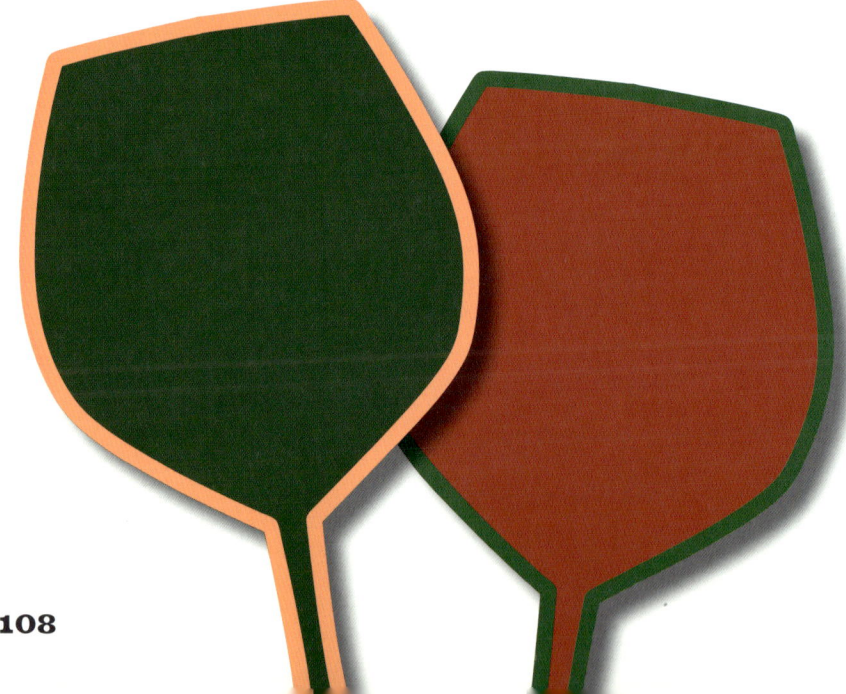

Unstrudel

Beim Paddeln auf der Saale haben wir nicht nur die schöne Landschaft genossen, sondern anschließend auch den Saale-Unstrut-Wein. Wenig später gab's bei Freunden einen Gemüsestrudel. Da haben wir gedacht, das könnte eine wunderbare Verbindung ergeben.

Den Mangold waschen, putzen, die Stiele herausschneiden und zerkleinern. Große Blätter in mittelbreite Streifen schneiden. Die Zwiebel schälen und fein würfeln, den Hartkäse reiben. Die Zwiebel in Olivenöl andünsten und nach ca. 4 Minuten die Mangoldstiele dazugeben. Nach etwa 3-5 Minuten die Mangoldblätter in den Topf geben, mit dem Wein ablöschen. Deckel drauf und Herd aus.

Inzwischen je nach Packungsangabe des Strudelteigs den Backofen vorheizen und den Teig auslegen. Die Butter im Wasserbad oder bei niedriger Hitze in einer Kasserolle zerlassen.

Den Mangold mit dem geriebenen Käse und den gemahlenen Haselnüssen vermischen. Mit Salz, Pfeffer und Muskat abschmecken. Dabei sollte möglichst die ganze Flüssigkeit gebunden werden, da die Füllmasse nicht zu feucht sein darf. Überschüssige Flüssigkeit also im Topf lassen (auch wenn Wein dabei ist; er hat seinen Geschmack bereits an den Mangold abgegeben).

Die Füllung auf dem Strudelteig verteilen, dabei einen Rand lassen. Den Teig vorsichtig mithilfe eines Küchentuchs aufrollen, mit Butter bestreichen und für 25-30 Minuten im Ofen goldbraun backen.

Für 4 Personen:

800-1000 g Mangold
1 Zwiebel
150 g Hartkäse
2 EL Olivenöl
150 ml Weißwein
1 Packung Strudelteig
  (ca. 1 kg)
50 g Butter
150 g gemahlene Haselnüsse
Salz, Pfeffer
Muskat

Tipp: Um in der Region zu bleiben, bietet sich ein Thüringer Ziegen-Hartkäse an. Wir hatten das Glück, auf unserer Reise einen zu bekommen. Alternativ darf's beispielsweise auch ein Pecorino sein.

Kichererbsentarte

Wir mussten ein bisschen kichern, als unser Erlanger Botanikerfreund Thomas uns sagte, dass das »Kicher« der Kichererbse vom lateinischen »Cicer« kommt, was »Kichererbse« heißt. Also sagen wir eigentlich »Kichererbseerbse«, wenn wir Kichererbse sagen. Uns schmeckt sie jetzt doppelt so gut.

Die Kichererbsen in ein Sieb schütten, mit kaltem Wasser abspülen und abtropfen lassen. Die Zwiebel schälen und fein schneiden. Den Rosmarin waschen, trocken schleudern und die Nadeln von den Zweigen streifen.
Die Kichererbsen mit einem Kartoffelstampfer zerdrücken. 4 Esslöffel Öl in einem Topf erhitzen. Die Zwiebel darin glasig dünsten, dann die Hälfte des Rosmarins und die Kichererbsen dazugeben. Den Wein zugießen und alles unter Rühren ca. 5 Minuten köcheln. Dann etwas abkühlen lassen.
Den Parmesan reiben. Die Eier in einem Rührbecher verquirlen. Beides mit der Kichererbsenmasse verrühren und mit Salz und Pfeffer abschmecken.
Eine Tarteform mit herausnehmbarem Boden (32 cm Durchmesser) mit 2 Esslöffeln Öl einfetten. Die Kichererbsenmasse in die Form geben und gleichmäßig verstreichen. Obendrauf kommt der Rest des Öls und des Rosmarins. Die Tarte im auf 180 °C vorgeheizten Ofen 20–25 Minuten backen.
Die Tarte in der Form etwas abkühlen lassen, dann auf eine Platte schieben und am besten lauwarm servieren.

Für 12 Stücke:

1 Dose Kichererbsen
   (Abtropfgewicht 480 g)
1 Zwiebel
3 Zweige Rosmarin
8 EL Olivenöl
125 ml Weißwein
100 g Parmesan
4 Eier
Salz, Pfeffer

Tipp: Wer keine Tarteform hat, nimmt eine Springform mit 28 cm Durchmesser. Da die Tarte dann höher wird, verlängert sich die Backzeit um ca. 5 Minuten.

Mangold-Brösel-Kuchen

Schmeckt heiß als leichtes Hauptgericht mit Ciabatta oder lauwarm auf dem Antipasti-Büffet.

Die Rosinen mit dem Portwein übergießen und abgedeckt mindestens 2 Stunden marinieren lassen. Die Semmelbrösel in einer Pfanne ohne Öl unter Rühren leicht anrösten und dann abkühlen lassen.

Den Mangold putzen und waschen. Die Stiele abschneiden und in ca. 2 cm lange Stücke schneiden. Die Blätter dritteln. Die Zwiebeln schälen und achteln.

3 Esslöffel Öl in einem Topf erhitzen und die Zwiebeln darin glasig andünsten. Die Mangoldstiele dazugeben und zugedeckt 2–3 Minuten köcheln lassen. Dann die Blätter dazugeben und alles nochmals 2 Minuten dünsten. Mit einem Schaumlöffel herausnehmen und auf einem Sieb abtropfen lassen.

Den Parmesan reiben und mit den Rosinen, den Eiern, dem Mehl und den Pinienkernen in einer Schüssel vermischen. Den Mangold mit den Händen ausdrücken und untermischen. Mit Salz, Pfeffer und Muskat abschmecken.

Die Springform (26 cm Durchmesser) einölen und den Boden und den Rand mit ⅔ der Semmelbrösel bestreuen. Die Mangoldmischung in die Form geben und verstreichen. Die restlichen Brösel obenauf streuen, das restliche Öl darübergießen. Auf der mittleren Schiene des auf 175 °C vorgeheizten Ofens ca. 40 Minuten backen.

Für ca. 16 Stücke:

80 g Rosinen
80 ml Portwein
75 g Semmelbrösel
1,5 kg Mangold
2 Zwiebeln
5 EL Olivenöl
70 g Parmesan
2 Eier
2 EL Mehl
20 g Pinienkerne
Salz, Pfeffer
Muskat

Tipp: Bei Kuchen mit sehr viel Flüssigkeit in der Füllung bleibt der Backofen sauber, wenn man ein Stück Alufolie unter die Form legt.

Pizza di Montepulciano

Das Mehl in eine Schüssel sieben und in die Mitte eine Mulde drücken. Die Hefe fein hineinbröseln. Den Wein und das Wasser über die Hefe gießen. Salz und Zucker dazugeben, verrühren und 5–10 Minuten stehen lassen.

Dann alles zu einem möglichst glatten Teig vermengen. Dabei das Olivenöl zugeben. Wenn sich der Teig vom Schüsselrand lösen lässt, herausnehmen und auf einer bemehlten Arbeitsfläche kräftig durchkneten.

Den Teig wieder in die Schüssel legen, mit etwas Mehl bestreuen und zugedeckt ca. 1 Stunde an einem warmen Ort gehen lassen. Der Teig sollte dann etwa doppelt so groß sein wie zuvor.

Dann den Teig nochmals durchkneten. Er sollte glatt und geschmeidig sein.

In der gewünschten Form flach auf ein leicht geöltes Backblech ausziehen, dabei einen etwas erhöhten Rand lassen.

Nach Belieben belegen. Die Pizza im 250 °C heißen Ofen ca. 8–10 Minuten backen, bis der Teig goldbraun ist. Über die fertige Pizza noch etwas Olivenöl träufeln.

Für 4 runde Pizzen (ca. 25 cm Durchmesser):

500 g Mehl
30 g Hefe
150 ml Wein
100 ml lauwarmes Wasser
1–2 TL Salz
1 Prise Zucker
2 EL Olivenöl und für das Backblech
Mehl zum Bearbeiten

Veggie-Chili

Natürlich dürfen nicht nur Paprika, Möhre, Zwiebel und Knoblauch frisch sein. Wir machen aber mal auf schnelle Küche und greifen für den Rest zu Konserven.

Die Sojaschnetzel ca. 10–15 Minuten in Wein einweichen.

Die Paprika waschen, halbieren und entkernen, die Möhre und die Zwiebel schälen. Dann alles würfeln. Den Knoblauch schälen und hacken.

Das Gemüse in Olivenöl anbraten. Dann die Tomaten und die Sojaschnetzel samt Wein dazugeben. Mit Chilis und Salz würzen. Etwa 30–40 Minuten kochen. Erst 5–10 Minuten vor Schluss die Bohnen und den Mais untermischen.

Für 4 Personen:

250 g Sojaschnetzel oder -granulat
250 ml Rotwein
1 grüne Paprika
1 Möhre
1 Zwiebel
3–4 Knoblauchzehen
4 EL Olivenöl
1 Dose Tomatenstücke (ca. 400 g)
1–2 TL getrocknete, gemahlene Chilis oder Cayennepfeffer
Salz
2 Dosen Kidneybohnen (je ca. 400 g)
1 Dose Mais (ca. 200 g)

Tipp: Wenn zu viel Flüssigkeit verkocht, ganz nach Gusto Wein oder Wasser zugeben.

Pilz-Lasagne

Ohne Fleisch, dafür mit Wein.

Die Steinpilze in eine Schüssel legen. Das Wasser zum Kochen bringen und über die Pilze gießen. 30 Minuten darin einweichen, dann abgießen. Die Flüssigkeit auffangen.

Die anderen Pilze putzen und in Scheiben schneiden. Die Zwiebeln und den Knoblauch schälen und hacken. Die Rosmarinnadeln von den Stängeln streifen und fein schneiden. Die eingelegten Tomaten abtropfen lassen und fein hacken.

Das Öl in einer großen Pfanne erhitzen und darin Zwiebeln, Knoblauch und Rosmarin ca. 4 Minuten anbraten. Die Pilze dazugeben und ca. 6 Minuten braten. Mit dem Wein ablöschen und 5 Minuten köcheln lassen.

Die Tomaten aus der Dose, die getrockneten Tomaten, die Sojasauce und das Einweichwasser dazugeben und 15 Minuten köcheln lassen. Salzen und pfeffern und vom Herd nehmen.

Für die Béchamelsauce die Milch und den Wein in einem kleinen Topf vorsichtig erhitzen. In einem anderen Topf die Butter schmelzen, das Mehl dazugeben, rühren und 1 Minute anschwitzen lassen. Dann den Topf vom Herd nehmen und unter Rühren die Hälfte der Milch-Wein-Mischung dazugießen. Den Topf zurück auf den Herd geben und die Sauce bei geringer Hitze unter ständigem Rühren eindicken lassen. Dann die restliche Milch-Wein-Mischung dazugießen und die Sauce unter ständigem Rühren aufkochen lassen. Mit Salz abschmecken und weiterrühren, bis die Sauce sämig ist.

Für 4 Personen:

Für die Pilzsauce:
20 g getrocknete Steinpilze
150 ml Wasser
750 g frische Pilze
 (z. B. Champignons oder Austernpilze)
2 Zwiebeln
3 Knoblauchzehen
4 Stängel Rosmarin
50 g getrocknete Tomaten in Öl
4 EL Olivenöl
150 ml trockener Weißwein
1 Dose Tomaten
 (ca. 400 g)
1 EL Sojasauce
Salz, Pfeffer

Für die Béchamelsauce:
300 ml Milch
200 ml Weißwein
50 g Butter
100 g Mehl
Salz

250 g Mozzarella
12 Lasagne-Teigplatten

Den Mozzarella in Scheiben schneiden. ⅓ der Pilzsauce in eine rechteckige Auflaufform gießen, 4 Teigplatten und je ⅓ der Béchamelsauce und des Mozzarellas obendrauf geben. Dies wiederholen, bis die Form voll ist. Den Abschluss bildet eine Lage Béchamelsauce und Mozzarella.

Auf der mittleren Schiene des auf 200 ℃ vorgeheizten Backofens ca. 45 Minuten backen.

Couscous-Feta-Paprika

Die Paprika waschen, die Deckel rund um den Stiel am Stück abschneiden und beiseitelegen. Dann die Paprika mit einem Löffel entkernen und entgraten.

Den Wein mit der Gemüsebrühe kurz aufkochen und über den Couscous gießen. Diesen zugedeckt ca. 10 Minuten quellen lassen.

Die Zwiebel und den Knoblauch schälen und klein schneiden. Die getrocknete Tomate ebenfalls klein schneiden. Alles unter den gequollenen Couscous mischen. Den Feta hineinbröseln. Die Petersilie waschen, trocknen, hacken und dazugeben. Mit Kreuzkümmel würzen. Nochmals gut durchmischen und in die Paprikaschoten füllen.

Deckel drauf und in einen feuerfesten, mit der Gemüsebrühe gefüllten Topf geben. Im 200 ℃ heißen Backofen ca. 30 Minuten fertig garen.

Für 4 Personen:

4 Paprika
150 ml Weißwein
1 TL Instant-Gemüse-
   brühe
200 g Couscous
1 Zwiebel
2 Knoblauchzehen
1 getrocknete Tomate
150 g Feta
½ Bund glatte Petersilie
½ TL Kreuzkümmel
500 ml Gemüsebrühe

Gnocchi mit Fenchel-sauce

Wer die Gnocchi nicht selbst machen will, nimmt welche aus der Packung. Dann fehlt ihnen zwar der Spritzer Wein, aber man kann eben nicht alles haben.

Die Kartoffeln kochen und pellen. Mit einem Kartoffelstampfer zerdrücken und mit Ei, Eigelb, Mehl und Wein verkneten, bis ein weicher, leicht klebriger Teig entsteht.

Aus dem Kartoffelteig kleine, ca. 3 cm lange Klößchen formen (wer mag, kann mit einer Gabel noch ein Muster hineindrücken). Wasser in einem großen Topf zum Kochen bringen und salzen. Die Hitze reduzieren. Die Gnocchi portionsweise hineingeben. Wenn sie an der Wasseroberfläche schwimmen, was ca. 4-5 Minuten dauert, sind sie fertig und können mit dem Schaumlöffel herausgehoben und in eine geölte Auflaufform gelegt werden.

Für die Sauce das Fenchelgrün von der Knolle schneiden, waschen und trocken schleudern. Danach hacken. Den Wein kurz erhitzen, mit dem Olivenöl und dem Fenchelkraut vermischen und mit Salz und Pfeffer würzen. Die Sauce über die Gnocchi gießen. Alles auf der mittleren Schiene des auf 200 °C vorgeheizten Backofens 6-8 Minuten backen. Sofort servieren.

Wer mag, kann vor dem Servieren noch etwas Parmesan darüberreiben.

Für 4 Personen:

Für die Gnocchi:
1 kg mehlig kochende
   Kartoffeln
1 Ei
1 Eigelb
180 g Mehl
1 EL Weißwein
Salz
Öl für die Auflaufform

Für die Fenchelsauce:
Kraut von 1 Fenchel-
   knolle
3 EL Weißwein
6 EL Olivenöl
Salz, Pfeffer

evtl. Parmesan

Tipp: Die Fenchelknolle lässt sich gut in unserem Grands-Crus-Rezept verwenden (siehe Seite 30).

Fondue Fendant

Fürs Fondue einen Fendant. Und auch die Käsemischung stammt aus der Schweiz. Weil hier der Wein zur Geltung kommen soll, verzichten wir aber auf ganz kräftige Sorten wie Appenzeller. Ein junger Greyerzer und ein leicht schmelzender mild-würziger Vacherin passen besser.

Den Käse grob reiben. Den Knoblauch schälen und 1 Zehe halbieren. Damit den Caquelon – das Fondue-Kächeli – ausreiben und dann den Wein aufgießen.

Während der Wein nur kurz zum Kochen gebracht wird, die zweite Knoblauchzehe fein schneiden und dazugeben. Dann die Hitze reduzieren, sodass der Wein nur noch leicht siedet.

Nach und nach den Käse einrühren, damit er gleichmäßig schmilzt. Zum Schluss die Stärke im Kirschwasser auflösen und einrühren. Mit Muskat und Pfeffer abschmecken.

Das Baguette in Scheiben schneiden. Es wird auf die Fonduegabeln gespießt und in das Fondue getunkt.

Für 4 Personen:

400 g Greyerzer
400 g Vacherin
2 Knoblauchzehen
500 ml Fendant
1 EL Kartoffelstärke
2 cl Kirschwasser
Muskat
Pfeffer
2 Baguettes

Tipp: Das Weißbrot sollte nicht ganz frisch sein. Dann lässt es sich besser aufspießen und zerfällt nicht im Käse. Die Baguettes in Scheiben schneiden und diese vierteln.

China-Bratnudeln

Die Pilze putzen und in 0,5–1 cm dicke Streifen schneiden. Die Zuckerschoten putzen und je nach Größe halbieren oder dritteln. Die Paprika waschen, entkernen, halbieren und in ca. 5 cm lange, schmale Streifen schneiden. Den Ingwer schälen und in millimeterdünne Streifen schneiden.

Die Nudeln mit kochendem Wasser übergießen und 3–4 Minuten stehen lassen (oder nach Packungsangabe kurz kochen). Dann in ein Sieb abgießen, kurz mit kaltem Wasser abspülen und gut abtropfen lassen.

Das Bratöl im Wok erhitzen. Erst die Pilze hineingeben, nach etwa 1 Minute die Zuckerschoten, die Paprika und den Ingwer. Alles noch ca. 2 Minuten scharf anbraten, herausnehmen und beiseitestellen. Noch etwas Bratöl und das Sesamöl in den Wok gießen. Die Nudeln darin anbraten – nicht anbrennen lassen! Nach ca. 2 Minuten das Gemüse dazugeben und sofort mit Sherry und Sojasauce ablöschen. Das Ganze noch 2–3 Minuten im heißen Wok gut vermengen.

Für 4 Personen:

200 g frische Shiitake-Pilze
250 g Zuckerschoten
1–2 rote Spitzpaprika
1 Stück Ingwer (ca. 2 cm)
400 g asiatische Nudeln (aus Weizenmehl ohne Ei)
5 EL Bratöl
1 EL Sesamöl
3 EL trockener Sherry
2 EL Sojasauce

Tipp: Die Bratnudeln ohne Ei gibt es meist nu[r] im Asialaden.

Sherry-Tofu

Das ist bei uns fester Bestandteil eines mehrgängigen China-Menüs. Als alleinige Hauptmahlzeit mit Reis reicht die Menge nur für zwei Personen.

Den Tofu in ca. 1 x 3 x 3 cm große Würfel schneiden. 2 Frühlingszwiebeln waschen, putzen und in dünne Ringe schneiden. Die Chilischote waschen und klein schneiden. (Wer es scharf liebt, lässt die Kerne drin; wer es nicht so scharf mag, nimmt eine Peperoni und entkernt diese vor dem Kleinschneiden). Den Ingwer schälen und fein raspeln.

Aus Sojasauce, Sherry, Frühlingszwiebeln, Chili und Ingwer eine Marinade anrühren und den Tofu einlegen. Für mehrere Stunden zugedeckt im Kühlschrank marinieren. Ab und zu durchmischen, damit der Tofu gleichmäßig in Kontakt mit der Marinade kommt.

Den Pak Choi waschen und trocknen. Kleine Blätter am Stück lassen, große Blätter halbieren oder vierteln. Nur den ganz harten Strunk ausschneiden. Den Chinaknoblauch schälen und in etwa knoblauchzehengroße Stücke schneiden.

Den Tofu abgießen, dabei die Marinade auffangen. Die Erdnüsse fein hacken.

Das Bratöl mit dem Sesamöl im Wok erhitzen. Den Tofu etwa 2 Minuten anbraten, dann den Pak Choi, den Knoblauch und die Erdnüsse dazu. Die Marinade aufgießen. Alles braten, bis der Pak Choi zusammenfällt.

Von den restlichen beiden Frühlingszwiebeln das Weiße und Hellgrüne in dünne Ringe schneiden und vor dem Servieren über das Tofu-Gemüse streuen.

Für 2-4 Personen:

300 g schnittfester Tofu
4 Frühlingszwiebeln
1 rote Chilischote oder
    Peperoni
1 Stück Ingwer (1-2 cm)
4 EL Sojasauce
4 EL trockener Sherry
600 g Pak Choi (oder
    Chinakohl)
1 Knolle Chinaknoblauch
100 g ungesalzene Erd-
    nüsse
Öl zum Anbraten
1 EL Sesamöl

Pilz-Rührei

Wenn's schnell gehen soll, ist das ein ein-
faches Rezept, das durch den Wein einen
Schuss Raffinesse bekommt.

Die Pilze putzen und in Scheiben schneiden.
Die Eier in einer kleinen Schüssel verquirlen und salzen. Den Knoblauch schälen und
fein hacken. Die Petersilie waschen, trocken
schleudern und ebenfalls fein hacken.
Das Öl in einer Pfanne erhitzen. Pilze, Knoblauch und Petersilie darin ca. 2 Minuten anbraten, dann mit dem Wein ablöschen. Bei
niedriger Hitze ca. 15 Minuten köcheln lassen,
bis der Wein reduziert ist.
Dann die Eier dazugeben und unter ständigem Rühren so lange braten, bis sie eine cremige Konsistenz haben. Zum Schluss pfeffern.

Dazu passt Bauernbrot.

Für 4 Personen:

500 g Pilze (z. B. Austernpilze oder Egerlinge)
8 Eier
Salz
1 Knoblauchzehe
4 Stängel glatte Petersilie
3 EL Olivenöl
125 ml Weißwein
Pfeffer

Tipp: Das Rezept schmeckt mit Waldpilzen
noch leckerer.

Wein

Beilagen

Spargel im Weinbad

Wo Spargel wächst, ist der Wein meist nicht weit. Bei uns kommen sich die beiden ganz nahe.

Den Spargel schälen.
Einen Topf Wasser – idealerweise ein hoher, schlanker Spargeltopf, in dem das Gemüse mit den Köpfen nur halb im Wasser stehend kocht – zum Kochen bringen. Den Spargel nur ca. 6–8 Minuten kochen.
In dieser Zeit die Butter in einem großen, flachen Topf bei mittlerer Hitze schmelzen, den Wein einrühren. Mit Salz, Pfeffer und Zitronensaft abschmecken.
Den vorgekochten Spargel in die Sauce legen und mit der Sauce weitere 5 Minuten mitköcheln. Dann hat er noch einen festen Biss.
Den Schnittlauch waschen, in feine Röllchen schneiden und darüberstreuen.

Dazu passen Pellkartoffeln.

Für 4 Personen:

1 kg Spargel
100 g Butter
100 ml Weißwein
Salz, Pfeffer
1 Spritzer Zitronensaft
1 Bund Schnittlauch

Tipp: Wer den Spargel weicher mag, kocht ihn ein paar Minuten länger vor.

Vinat

Diese Spinat-Variation ist definitiv keine Baby-Nahrung.

Den Spinat waschen und trocken schleudern. Dickere Stiele abschneiden und klein schneiden. Die Blätter grob schneiden.
Die Zwiebel und den Knoblauch schälen und fein hacken. Die Butter in einer großen tiefen Pfanne schmelzen, Zwiebel und Knoblauch dazugeben und 2-3 Minuten dünsten. Den Wein zugießen und einkochen lassen, bis er leicht dickflüssig wird.
Den Spinat zugeben und zugedeckt 3-4 Minuten köcheln lassen. Vom Herd nehmen und mit Salz und Pfeffer abschmecken.

Der Vinat passt als Beilage zu Salzkartoffeln oder Gnocchi.

Für 4 Personen:

400 g frischer Blattspinat
1 rote Zwiebel
1 Knoblauchzehe
25 g Butter
200 ml Rotwein
Salz, Pfeffer

Weinberglauch

Das Rezept haben wir aus Santiago de Compostela mitgebracht (nein, wir waren nicht pilgern).

Den Lauch putzen, waschen und in ca. 5 cm lange Stücke schneiden. Das Öl in einem Topf erhitzen und den Lauch darin ca. 1 Minute anbraten. Den Wein dazugießen und das Ganze zugedeckt 6–8 Minuten bei geringer Hitze dünsten.

Die Tomaten mit kochendem Wasser überbrühen und häuten. Halbieren, entkernen und das Fruchtfleisch fein würfeln. Den Knoblauch schälen, fein hacken und zu den Tomaten geben. Dann den Zitronensaft unterrühren. Zum Schluss die Champignons putzen, in Scheiben schneiden und unterheben.

Alles zum Lauch geben und ca. 25 Minuten kochen. Gegen Ende der Kochzeit mit Salz und Pfeffer würzen.

Ist eine gute Beilage zu kurz gebratenem Fleisch; mit Kartoffeln oder Gnocchi wird es zu einem Hauptgericht.

Für 4 Personen:

1 kg Lauch
6 EL Olivenöl
250 ml trockener
   spanischer Weißwein
   (z. B. Verdejo oder
   Chardonnay)
500 g Tomaten
2 Knoblauchzehen
Saft von ⅓ Zitrone
200 g Champignons
Salz, Pfeffer

Löwe(i)nzahn

Wer gegen Löwenzahn im Garten kämpft, ist selbst schuld. Wir haben uns das gesunde Unkraut zum Freund gemacht und es zum Fressen gern.

Den Löwenzahn waschen und gut trocken schleudern. Den Knoblauch schälen und fein hacken.

Das Öl in einer Pfanne erhitzen. Den Knoblauch darin kurz anbraten, dann den Löwenzahn dazugeben und zusammenfallen lassen. Mit dem Wein ablöschen.

Das Ganze ca. 10 Minuten köcheln lassen, dabei mit Zucker, Salz und Pfeffer würzen.

Passt als Beilage zu allem Kurzgebratenen oder als ungewöhnlicher Belag auf eine Pizza.

Für 4 Personen:

500 g Löwenzahnblätter

1 Knoblauchzehe

3 EL Olivenöl

80 ml Rot- oder Weißwein

½ TL Zucker

Salz, Pfeffer

Tipp: Je kleiner die Blätter, desto feiner schmeckt das Löwenzahngemüse. Bei größeren Blättern auf jeden Fall die Stiele wegschneiden.

Gedünsteter Fenchel

Schmeckt warm als Gemüsebeilage und kalt als Antipasto.

Den Fenchel waschen, putzen und vierteln. Das Fenchelgrün grob schneiden. Die Zwiebel und den Knoblauch schälen und klein schneiden.
Das Öl in einem Topf erhitzen, die Zwiebel und den Knoblauch darin andünsten. Die Fenchelviertel dazugeben und auf den Schnittflächen 5 Minuten anbraten. Dann den Wein zugießen und alles bei schwacher Hitze ca. 25 Minuten köcheln lassen.
Nach 20 Minuten das Fenchelgrün dazugeben und alles mit Salz und Pfeffer würzen.

Für 4 Personen:

4 Fenchelknollen
1 Zwiebel
1 Knoblauchzehe
4 EL Olivenöl
125 ml Rot- oder Weißwein
Salz, Pfeffer

Tipp: Verwendet man Rotwein für dieses Rezept, peppt er die Farbe des Fenchels auf – sieht besonders gut zu weißem Reis aus.

Glut-Gemüse

Es müssen nicht immer Bratwürste sein – sie passen aber auch zu unserem gegrillten Wein-Gemüse.

Die Tomaten waschen, putzen und achteln. Die Zwiebeln schälen und ebenfalls achteln. Die Champignons putzen, größere halbieren. Die Petersilie waschen, trocken schleudern und grob hacken. Die Brötchen in Würfel schneiden.

Alles in eine Schüssel geben, den Wein dazugießen, durchmischen, salzen und pfeffern. 4 ca. 30 x 30 cm große Stücke Alufolie auslegen und die Gemüsemischung darauf verteilen. Die Seiten der Folie hochklappen, sodass 4 Päckchen entstehen.

Die Päckchen direkt auf die Grillglut legen. Etwa 10 Minuten garen lassen, dann herausholen und servieren.

Für 4 Personen:

4 Tomaten
3 Zwiebeln
250 g möglichst kleine
    Champignons
½ Bund glatte Petersilie
2 Ciabatta-Brötchen
120 ml Rotwein
Salz, Pfeffer

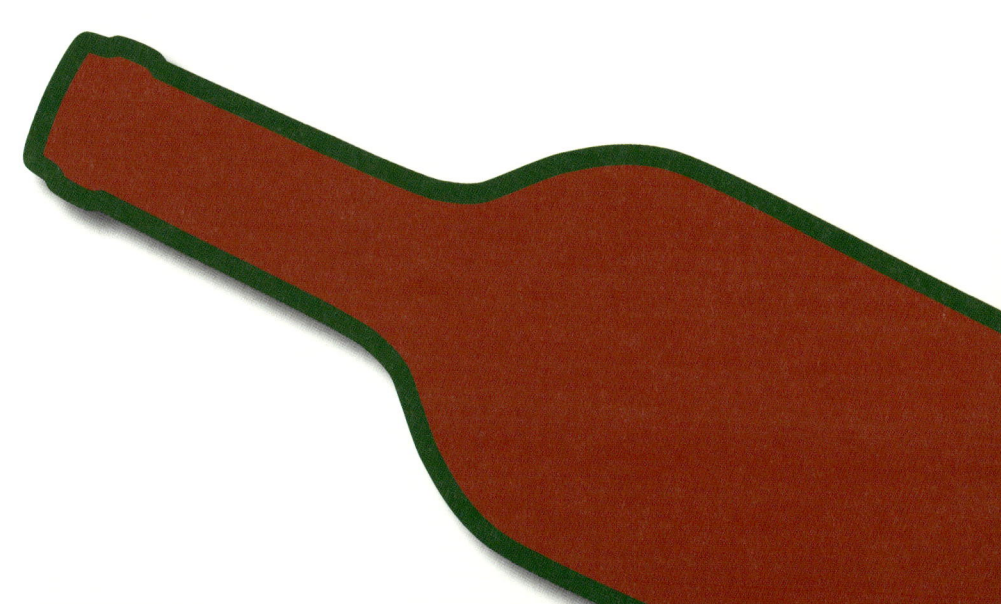

Rotweinkohl

In manchen Gegenden Süddeutschlands wird der Rotkohl Blaukraut genannt. Am Wein liegt's aber nicht.

Die äußeren Blätter vom Kohlkopf entfernen. Den Kopf vierteln. Den Strunk noch dranlassen – damit lässt er sich einfacher hobeln! Den Kohl bis zum Strunk in feine Streifen hobeln. Die Zwiebel schälen und würfeln. Den Apfel schälen, vierteln, das Kerngehäuse ausschneiden und anschließend in Stücke schneiden.
Die Zwiebel im heißen Fett glasig braten, dann den Apfel und den Rotkohl dazugeben. Kurz durchrühren und mit der Hälfte des Weins übergießen. Etwa 10 Minuten zugedeckt schmoren, dann Salz, Zucker, Lorbeerblätter, Nelken und den restlichen Wein zugeben. 40–50 Minuten bei mittlerer Hitze garen. Bei Bedarf noch etwas Wein oder Wasser aufgießen.

Für 4 Personen:

1 Kopf Rotkohl (ca. 1 kg)
1 Zwiebel
1 Apfel
Bratfett oder -öl nach
   Geschmack
250 ml Rotwein
1 TL Salz
1 TL Zucker
2 Lorbeerblätter
2 Nelken

Bayrisch Kraut

Wein taucht in Bayrisch-Kraut-Rezepten eher selten auf, dafür ist viel von Speck und Fleischbrühe die Rede. Schade. Weil wir finden, dass der angebratene Speck die Fleischbrühe überflüssig macht, können wir stattdessen doch Wein ins Spiel bringen.

Die äußeren Blätter vom Kohlkopf entfernen. Den Kopf vierteln, den Strunk keilförmig herausschneiden und die Krautblätter in Streifen schneiden. Die Zwiebel schälen. Speck und Zwiebel würfeln. Den Speck in einem großen Topf im heißen Schmalz auslassen, die Zwiebel und dann die Krautstreifen dazugeben. Mit Kümmel, Lorbeerblättern, Salz, Pfeffer und Zucker würzen und alles gut durchrühren, bis das Kraut etwas Farbe angenommen hat. Den Wein aufgießen und den Essig dazugeben. Zugedeckt bei niedriger Hitze ca. 45 Minuten garen. Dann ohne Deckel aufkochen, sodass noch Flüssigkeit verdampfen kann. Den Herd abschalten und das Kraut zugedeckt ziehen lassen, bis es Serviertemperatur angenommen hat.

Passt am besten mit Semmelknödel zum Schweinsbraten oder zur Schweinshaxe.

Für 4 Personen:

1 Kopf Weißkohl
  (ca. 1 kg)
1 Zwiebel
150 g durchwachsener
  Speck
1 EL Schweineschmalz
2 TL Kümmel
2 Lorbeerblätter
Salz, Pfeffer
2 TL Zucker
250 ml Weißwein
1 EL Apfelessig

Weinkraut-Klöße

In Oberbayern werden die runden Köstlichkeiten aus Kartoffelteig eher Knödel genannt. Aber da der weibliche Teil unseres Autorenduos aus Franken stammt, heißen sie bei uns: Klöße. Jawoll.

Das Sauerkraut zerpflücken und klein schneiden.

Die Zwiebel und den Knoblauch schälen. Die Zwiebel fein schneiden, den Knoblauch hacken. Das Butterschmalz in einem flachen Topf erhitzen und die Zwiebel und den Knoblauch darin kurz andünsten. Das Sauerkraut dazugeben und kurz mit anbraten. Mit dem Wein ablöschen. Den Senf und die Gewürze dazugeben, salzen und pfeffern. Das Kraut ca. 25 Minuten auf kleiner Flamme köcheln lassen. Dann die Gewürze herausnehmen.

Aus dem Kloßteig 8 Klöße formen und in die Mitte jeweils ca. 1 Esslöffel Sauerkraut geben. In einem tiefen Topf Salzwasser zum Sieden bringen und die Klöße darin ca. 20 Minuten ziehen lassen. Mit einem Holzlöffel herausnehmen und auf Tellern anrichten.

Dazu passen Bratwürste.

Für 4 Personen:

150 g Sauerkraut
1 Zwiebel
1 Knoblauchzehe
Butterschmalz zum
    Anbraten
125 ml trockener
    Weißwein
1 TL scharfer Senf
2 Wacholderbeeren
1 Pimentkorn
1 Lorbeerblatt
Salz, Pfeffer
1 Packung Kloßteig
    aus rohen Kartoffeln
    (ca. 750 g)

Majoranknödel

Die Zwiebel schälen und fein schneiden. Den Majoran waschen, trocken schleudern und die Blättchen von den Stängeln zupfen. Die Butter in einer Pfanne erhitzen. Die Zwiebel darin anbraten, bis sie leicht Farbe angenommen hat, dann den Majoran zugeben. Die Pfanne nach ca. 2 Minuten vom Herd nehmen und etwas abkühlen lassen.

Währenddessen die Brötchen quer halbieren und in dünne Scheiben schneiden, die Brezeln in kleine Stücke brechen. Die Milch und den Wein in einem Topf leicht erwärmen. Die Brötchen- und Brezelstücke in einer Schüssel mit der lauwarmen Milch-Wein-Mischung übergießen, die Eier und die Zwiebel-Majoran-Mischung mitsamt der Butter aus der Pfanne dazugeben. Die Masse durch Rühren und Kneten gut durchmischen. Mit Salz und Pfeffer abschmecken. Vorsicht mit dem Salz, wenn schon viel auf den Laugenbrezeln war!

Mit feuchten Händen Knödel in beliebiger Größe formen und in kochendes Salzwasser geben. Das Wasser soll in der Folgezeit nur leicht köcheln! Die Knödel brauchen je nach Größe 12–20 Minuten. Wenn sie an die Wasseroberfläche gestiegen sind, sind sie fertig.

Passt zu Bratengerichten mit kräftigen Saucen.

Für 4 Personen:

1 Zwiebel
5–6 Stängel Majoran
1 EL Butter
3 trockene Brötchen
2 trockene Laugen-
   brezeln
100 ml Milch
100 ml Weißwein
3 Eier
Salz, Pfeffer

Tipp: Übrig gebliebene Knödel schmecken auch am nächsten Tag: Entweder in Scheiben schneiden und mit Zwiebel und 1–2 Eiern in der Pfanne anbraten oder kalt mit einem Dressing aus Essig, Öl und Zwiebeln servieren.

Trollinger-Spätzle

Auf sein Viertele verzichtet der Schwabe ungern, auf Spätzle gleich gar nicht. Warum also nicht mal beides in einem servieren. Heute gibt's nur ein Achtele vom Württemberger Wein. Für den vollen Geschmack reicht das vollkommen.

Alle Zutaten zu einem zähflüssigen, klumpenfreien Teig verrühren.

Mittels Spätzlepresse, -hobel oder von Hand geschabt portionsweise in einen Topf mit kochendem Salzwasser geben.

Die Spätzle sind fertig, sobald sie an der Wasseroberfläche schwimmen. Mit einem Schaumlöffel abfischen, in eine vorgewärmte Schüssel geben und die nächste Portion zubereiten.

Die perfekte Beilage zu einem Rehbraten und allem mit viel Sauce.

Für 4 Personen:

400 g Mehl
3–4 Eier
125 ml Trollinger
Salz

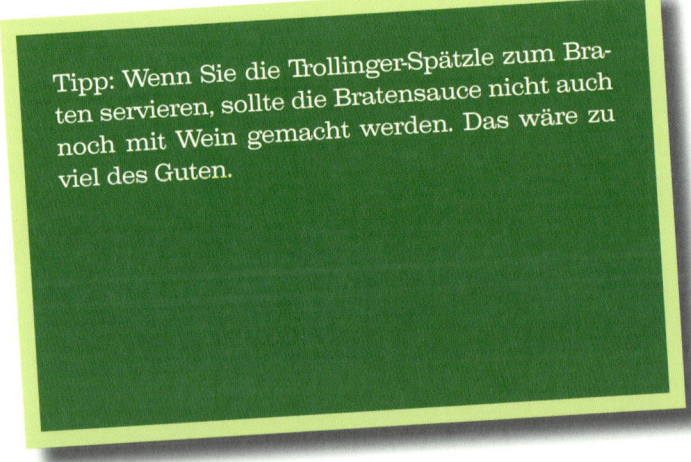

Tipp: Wenn Sie die Trollinger-Spätzle zum Braten servieren, sollte die Bratensauce nicht auch noch mit Wein gemacht werden. Das wäre zu viel des Guten.

Pinot-Polenta-Schnitten

Polenta ist eine Beilage, die nach Lust und Laune variiert werden kann. Mit Wein erhält sie eine elegante und nur leicht alkoholische Note.

Die Brühe mit dem Wein und 50 g Butter aufkochen lassen. Unter Rühren langsam den Maisgrieß dazugeben. Mit Salz und Muskat würzen und den Grieß unter ständigem Rühren bei kleiner Hitze ca. 4–5 Minuten quellen lassen.

Eine Auflaufform mit der restlichen Butter fetten und die Polenta hineinstreichen. Wenn sie abgekühlt ist, aus der Form stürzen und in ca. 3 cm dicke Scheiben schneiden.

Das Öl in einer Pfanne erhitzen und die Polenta-Schnitten darin von beiden Seiten jeweils ca. 2 Minuten anbraten.

Passt als Beilage zu Braten, Fisch und Gemüsegerichten.

Für 4 Personen:

500 ml Gemüsebrühe
500 ml Pinot Grigio
70 g Butter
225 g Maisgrieß
Salz
1 Prise Muskat
Öl zum Braten

Nachspeisen und Süßes

Rotweinerdbeeren

Unschlagbar einfach. Einfach gut.

Die Erdbeeren waschen, trocken tupfen und putzen. Dann in dünne Scheiben schneiden.
Den Wein und den Puderzucker in einer Schüssel verrühren und zwar so lange, bis sich der Puderzucker vollständig aufgelöst hat.
Die Erdbeeren in den Zuckerwein legen und für mindestens 2 Stunden kühl stellen. Zum Servieren in 4 Dessertschalen oder flache Gläser verteilen. Mit einigen Blättern Zitronenmelisse garnieren.

Für 4 Personen:

500 g Erdbeeren
500 ml Rotwein
50 g Puderzucker
2 Stängel Zitronen-
    melisse

Tipp: Wer ein gehaltvolleres Dessert mag, nimmt noch Vanilleeis dazu.

Vindetta

Rache, heißt es, ist süß. Wir finden, dass unsere italienisch inspirierte Weincreme süßer ist.

Die Gelatine in kaltem Wasser einweichen. Die Vanilleschote längs einschneiden und das Mark mit der Messerspitze herauskratzen. Die Sahne, 150 g Zucker, die Vanilleschote und das Mark mit 100 ml Wein in einem kleinen Topf unter Rühren aufkochen und dann 30 Minuten bei geringer Hitze ziehen lassen. Die Vanilleschote herausnehmen.

Die Gelatine ausdrücken und in der warmen Wein-Sahne-Mischung unter Rühren auflösen. Die Vindetta abkühlen lassen und kalt stellen, bis sie ganz leicht zu gelieren beginnt. Den Mascarpone dazugeben und mit einem Schneebesen glatt rühren. Alles in 4 Förmchen oder Glasschälchen füllen und mindestens 12 Stunden kalt stellen.

Die Trauben waschen, abtrocknen und halbieren. Die Kerne entfernen. Den restlichen Zucker in einem Topf erhitzen, bis er flüssig wird, die Trauben dazugeben. Umrühren, bis sie von Zucker bedeckt sind, dann mit dem restlichen Wein ablöschen.

Die Vindetta aus den Förmchen auf Teller stürzen und mit der Traubensauce servieren.

Für 4 Personen:

5 Blätter rote Gelatine
1 Vanilleschote
400 ml Sahne
250 g Zucker
200 ml Rotwein
100 g Mascarpone
250 g blaue Weintrauben

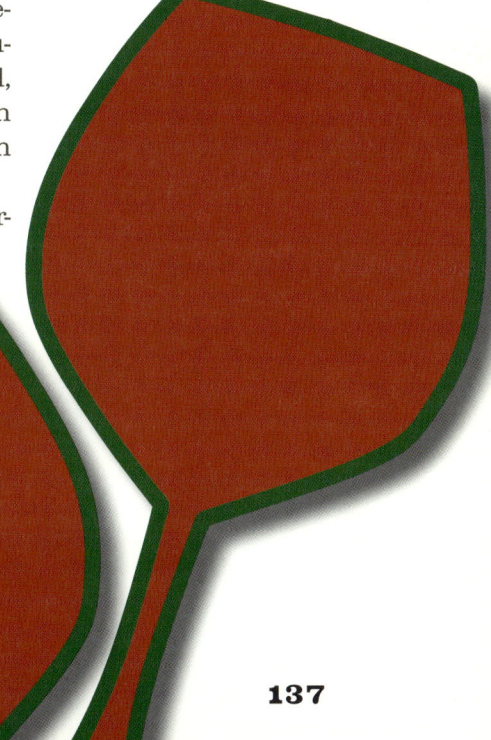

Sanddornfelder-Creme

Von der Insel Juist brachte uns Freundin Liz einen Sanddornlikör mit. Der war bald weg, brachte uns vorher aber auf die Idee zu diesem Dessert.

Die Sahne steif schlagen. Den Quark, den Mascarpone, den Puderzucker und den Vanillezucker verrühren, dann die Sahne vorsichtig unterheben.

Die Gelatine nach Packungsangabe in Wasser einweichen. Den Wein und den Sanddornsaft in einen Topf geben. Das Wein-Saft-Gemisch erhitzen, die ausgepresste Gelatine darin unter Rühren auflösen. Leicht abkühlen lassen und dann unter die Quarkcreme ziehen. Für mindestens 3 Stunden in den Kühlschrank geben.

Jeweils 2 cl Likör in 4 Glasschälchen geben, darauf die Creme verteilen und mit einer weiteren Likörschicht à 2 cl bedecken.

Für 4 Personen:

200 g Sahne
200 g Magerquark
150 g Mascarpone
80 g Puderzucker
1 Päckchen Vanillezucker
6 Blatt weiße Gelatine
100 ml Dornfelder
70 ml Sanddornsaft
16 cl Sanddornlikör

Meißenknödel

Auf diese Abwandlung der bekannten Energiekugeln kamen wir nach einer Unterhaltung mit unserem Freund Ulrich. Er ist seit vielen Jahren begeisterter Wahl-Sachse und schwärmte uns von den Weinen aus Meißen vor. Das Ergebnis hätte August den Starken noch stärker gemacht.

Die Aprikosen für 24 Stunden im Wein einlegen. Danach mit dem Schneidstab oder von Hand sehr fein zerkleinern. Mit allen anderen Zutaten außer den Kokosflocken in eine Rührschüssel geben und mit dem Mixer gut vermengen. Falls die Masse zu trocken ist, noch etwas Wein zugeben.

Aus der Masse mit einem Teelöffel jeweils eine Portion ausstechen und daraus mit den Händen Kugeln formen. Anschließend in den Kokosflocken wälzen. Mindestens 24 Stunden bei Zimmertemperatur trocknen lassen.

Für ca. 30 Stück:

200 g getrocknete ungeschwefelte Aprikosen
40 ml (sächsischer) Müller-Thurgau
200 g gemahlene Mandeln
200 g gemahlene Haselnüsse
1 TL Zimt
ca. 100 g Kokosflocken

Tipp: Auch anderes Trockenobst kann für die Meißenknödel verwendet werden.

Eiswein

Die Weinspezialität, die aus gefrorenen Trauben hergestellt wird, gab unserem Dessert den Namen. Aber das Einzige, was hier aus der Kälte kommt, ist das Eis.

Die Galiamelone entkernen, schälen und in kleine Würfel schneiden. In eine Schüssel geben und mit so viel Wein übergießen, dass sie vollständig bedeckt sind. Die Schüssel und den restlichen Wein für mindestens 2 Stunden in den Kühlschrank stellen.

Den Zucker in einem kleinen Topf erhitzen. Wenn er flüssig wird, 1 Esslöffel Wein und die Pistazienkerne dazugeben. Unter ständigem Rühren ca. 6 Minuten rösten. Mit einem Esslöffel 4 Portionen von der Mischung auf einen Teller setzen und abkühlen lassen. Inzwischen die Zitronenmelisse oder -verbene waschen, trocken schleudern und die Blätter von den Stängeln zupfen.

Die Galiamelone und den Marinierwein auf 4 große Weingläser verteilen. Darauf das Eis verteilen und oben drauf die Pistazien setzen. Das Dessert mit dem restlichen Wein aufgießen und mit der Zitronenmelisse oder -verbene verzieren.

Für 4 Personen:

½ Galiamelone
400 ml Riesling
2 EL Zucker
60 g Pistazienkerne
3 Stängel Zitronen-
   melisse oder -verben
400 g Zitroneneis

Granizado de vino

Das erste Granizado ihres Lebens genoss Barbara in den frühen 1980er-Jahren in Barcelona. Süße Kühle nach einer kurzen Nacht im stickig heißen Jugendherbergszimmer – der Himmel. Seit damals haben wir es in vielen Varianten zubereitet.

Den Zucker mit Wasser aufkochen lassen. Die Zitrone waschen, die Schale abreiben und den Saft auspressen.

Die jeweiligen Kräuter (unbedingt bei einer Sorte bleiben!) waschen, trocken schleudern und die Blätter von den Stängeln zupfen. Zusammen mit dem Zitronensaft und der -schale mit dem Schneidstab pürieren.

Das Zuckerwasser und den Wein unterrühren, alles in ein flaches Gefäß geben und dieses ins Gefrierfach stellen. Nach ca. 50 Minuten die Masse mit einem Teigschaber vom Boden kratzen und verrühren. Diesen Vorgang stündlich wiederholen, bis die Masse körnig ist. Insgesamt sollte die Masse mindestens 4 Stunden gefrieren.

Zum Servieren in flachen Schalen oder Gläsern anrichten; die Portionen am besten mit einem Suppenlöffel herausschaben. Wer mag, gießt noch Wein oder Sekt auf.

Für 4 Personen:

100 g Zucker
100 ml Wasser
1 unbehandelte Zitrone
4–5 Stängel Kräuter
    (entweder Zitronen-
    melisse, -verbene oder
    Basilikum)
500 ml Weißwein
evtl. Sekt

Tipp: Ob man jetzt Granizado lieber italienisch Granita oder französisch Granité nennt, ist eisegal. Es schmeckt als leichte Nachspeise, als Zwischengang bei mehrgängigen Menüs und zum Sommer-Kaffeeklatsch mit Gebäck.

Schaum-Weinsößchen

Nein, Sekt oder Schampus ist da nicht drin. Schön schaumig wird das Sößchen, das wunderbar zu Milchreis, Vanilleeis oder Dampfnudeln schmeckt, allein durchs Rühren.

Das Eigelb und den Zitronensaft zusammen mit dem Wein und dem Zucker in eine Metallschüssel geben. Über einem heißen Wasserbad mit dem Schneebesen schaumig schlagen. Auf 4 Dessertschalen oder Gläser verteilen.

Für 4 Personen:

8 Eigelb
Saft von 1 Zitrone
400 ml Weißwein
340 g Zucker

Muskateller-Sirup

Unsere Universal-Nachtisch-Zutat, die sogar ein 08/15-Vanilleeis aufpeppt.

Den Wein und den Zucker in einen Topf geben und aufkochen lassen. Bei aufgedecktem Deckel ca. 5−7 Minuten köcheln lassen, bis der Wein sirupartig eingedickt ist.
Zum Aufbewahren den Sirup in vorbereitete Gläser oder Flaschen füllen. Sofort verschließen und kühl aufbewahren.

Für 4 Personen:

300 ml Muskateller (oder
    ein anderer Wein)
250 ml Zucker

Tipp: In sterilisierte Gläser abgefüllt hält sich der Sirup bis zu 12 Monate.

Muskateller-Meringen

Das erste Mal hat Barbara Meringen auf einem Kindergeburtstag bei ihrer allerbesten Freundin Maggi gegessen. Ein paar 20 – gut, sind wir ehrlich: 40 – Jahre später lassen wir die zuckersüßen Schneewölkchen mit Wein erwachsen werden.

Das Eiweiß mit Zucker, Salz und Vanillezucker steif schlagen und den Sirup unterrühren. Mit einem Teelöffel Häufchen auf ein Backblech geben und bei 100 °C ca. 2 Stunden im Ofen trocknen.
Im Ofen auskühlen lassen.

Für 4 Personen:

8 Eiweiß
200 g brauner Zucker
1 Prise Salz
4 TL Bourbonvanille-
    zucker
8 cl Muskateller-Sirup
    (siehe Seite 142)

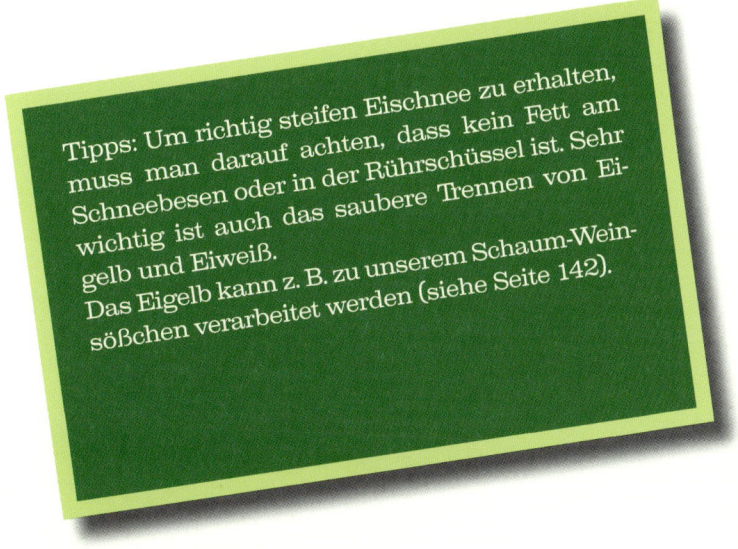

Tipps: Um richtig steifen Eischnee zu erhalten, muss man darauf achten, dass kein Fett am Schneebesen oder in der Rührschüssel ist. Sehr wichtig ist auch das saubere Trennen von Eigelb und Eiweiß.
Das Eigelb kann z. B. zu unserem Schaum-Wein-sößchen verarbeitet werden (siehe Seite 142).

Vin-Beignets

Die berühmtesten Beignets gibt's im *Café du Monde* in New Orleans. Man sollte dort übrigens nur eine Portion für zwei bestellen, sonst droht akutes Völlegefühl. Unsere Beignets haben wir nicht nur mit Wein verfeinert, sondern auch etwas kleiner gemacht.

Wein, Butter, Salz und Zucker in einem Topf aufkochen lassen. Den Topf kurz vom Herd nehmen und das gesamte Mehl schnell unterrühren. Dann den Topf wieder auf den Herd geben und den Teig bei geringer Hitze so lange rühren, bis sich ein glatter Teigklumpen bildet und nichts mehr an den Topfwänden haften bleibt.

Den Topf vom Herd nehmen und ein Ei nach dem anderen von Hand oder mit dem Mixer (unterste Stufe) unterrühren. Zum Schluss den Vanillezucker einrühren.

In einem tiefen Topf oder einer Fritteuse Öl erhitzen. Mit einem Teelöffel kleine Teigbällchen formen und sie portionsweise goldbraun frittieren. Das dauert ca. 3 Minuten. Die fertigen Beignets mit einem Schaumlöffel aus dem Öl holen und auf Küchenpapier abtropfen lassen. Mit Puderzucker bestreuen und noch warm servieren.

Für ca. 32 Stück:

250 ml Weißwein
120 g Butter
¼ TL Salz
1 TL Zucker
140 g Mehl
4 Eier
½ Päckchen Vanillezucker
Öl fürs Frittieren
Puderzucker zum Bestreuen

Trauben in Weinteig

In Weinteig kann man – wie in Bierteig – so ziemlich jedes Obst ausbacken. Wir machen es mit Weintrauben. Für den Weinteig zum Dessert verwenden wir einen Süßwein – eine echte W(e)in-W(e)in-Situation, finden wir.

Die Trauben waschen und abtropfen lassen. Mehl, Wein, Eier, Öl und Salz zu einem glatten Teig verrühren.
Reichlich Öl in einem Topf erhitzen oder eine Fritteuse verwenden.
Die Trauben in den Teig legen, mit einem Löffel herausfischen und im heißen Fett goldbraun backen. Mit einem Schaumlöffel aus dem Öl holen und auf Küchenpapier abtropfen lassen. Nach Belieben mit Puderzucker bestreuen.

Schmeckt warm am besten.

Für 4 Personen:

500 g kernlose Weintrauben
200 g Mehl
150 ml Vinsanto
2 Eier
2 EL Öl
1 Prise Salz
Öl zum Frittieren
Puderzucker zum Bestreuen

Besoffene Jungfern

Die zweite Dickers-Schwester schwärmte von dieser typisch fränkischen Süßspeise, die es immer bei Festen der befreundeten Familie Kaiser gab. Der gehörte die Brauerei Kaiserhof in Kronach – die Jungfern werden aber nicht mit Bier zubereitet.

Die Eier trennen. Das Eigelb und den Zucker schaumig rühren. Mit Salz und Mehl vermischen. Das Eiweiß zu steifem Schnee schlagen und unterheben.

In einem hohen Topf das Frittieröl erhitzen. Aus dem Teig mit einem Löffel Klößchen ausstechen. Je nach Größe erhält man 10–14 Stück. Portionsweise im heißen Öl leicht gebräunt frittieren. Mit einem Schaumlöffel herausheben, kurz auf Küchenpapier abtropfen lassen und nebeneinander in eine flache Schüssel legen. Für die Sauce den Wein mit dem Zucker in einen kleinen Topf geben. Die Zitrone waschen und die Schale abreiben. Den Saft auspressen. Beides ebenfalls zum Wein geben. Die Kardamomkapseln mit der flachen Seite einer Messerklinge leicht andrücken. Zusammen mit Zimt und Nelken zum Wein geben und alles ca. 15 Minuten erhitzen – Achtung: nicht kochen lassen!

Die warme Sauce über die Jungfern gießen und sofort servieren.

Für 4 Personen:

Für die Jungfern:
3 Eier
100 g Zucker
1 Prise Salz
125 g Mehl
Frittieröl

Für die Sauce:
500 ml Rotwein
100 g Zucker
1 unbehandelte Zitron
2 Kardamomkapseln
½ Zimtstange
3 Nelken

Tipp: Das Frittieröl hat die richtige Temperatur, wenn es zischt, sobald man ein Brotstückchen hineinfallen lässt oder wenn etwas Mehl schnell braun wird.

Kartoffelwaffeln mit Apfelweinmus

Bei den Dickers gab es früher oft Kartoffelpuffer mit Apfelmus. Ohne Wein. Bei uns werden die Puffer ganz schnell aus fertigem Kloßteig und im Waffeleisen gemacht. Und natürlich mit Wein.

Die Äpfel waschen, schälen und vierteln. Das Kerngehäuse entfernen, das Fruchtfleisch in ca. 1 cm große Stücke schneiden. Zusammen mit den anderen Zutaten in einen Topf geben und ca. 10 Minuten bei mittlerer Hitze und offenem Deckel dünsten lassen. Wenn die Apfelstücke weich sind, mit einem Kartoffelstampfer zu Brei zerdrücken.

Für die Waffeln die Zwiebel schälen und fein hacken. Den Kloßteig in einer großen Schüssel mit der Zwiebel und allen anderen Zutaten vermischen.

Das Waffeleisen einölen und den Teig portionsweise zu goldbraunen Waffeln backen. Zusammen mit dem Apfelmus servieren.

Für 4 Personen:

Für das Apfelmus:
1 kg Äpfel
250 ml Weißwein
100 g Zucker
Saft von 1 Zitrone
1 Prise Zimt

Für ca. 8 Waffeln:
1 Zwiebel
1 Packung Kloßteig
   (roh oder halb und
   halb, ca. 750 g)
3 Eier
2 EL Weißwein
75 g Mehl
Salz, Pfeffer
Öl fürs Waffeleisen

Zitronen-Wein-Schnitten

Für alle, die es beim Kuchen süß und herb gleichzeitig mögen.

Den Blätterteig antauen lassen und auf einer bemehlten Fläche zu doppelter Länge ausrollen. 2 Teigplatten nebeneinander auf ein mit Backpapier bedecktes Blech legen.
Den Zucker, die Mandeln, den Wein, die Zitronenschale und 1 Eigelb mischen und auf die Teigplatten streichen. Das zweite Eigelb verquirlen und die Ränder damit bestreichen. Die anderen beiden Teigplatten auf die ersten beiden Platten legen und die Ränder zusammendrücken. Die oberen Platten mit dem restlichen Eigelb bestreichen und mit einer Gabel mehrfach einstechen.
Auf der mittleren Schiene des auf 225 °C vorgeheizten Backofens 15 Minuten backen. Währenddessen die Zitronenmarmelade mit dem Wein glatt rühren.
Die Marmelade auf den noch heißen Kuchen streichen. Wenn er völlig abgekühlt ist, kann man ihn in 8 Schnitten schneiden.

Für 8 Schnitten:

4 Platten TK-Blätterteig
Mehl für die Arbeitsfläche
100 g Zucker
200 g gemahlene Mandeln
100 ml Weißwein
Schale einer unbehandelten Zitrone
2 Eigelb
2 EL Zitronenmarmelade
1 TL Weißwein

Ananastorte

Macht viel her, geht einfach. Und gebacken werden muss sie auch nicht.

Die Butter in einem Topf zerlassen und abkühlen lassen. Die Löffelbiskuits in einen Gefrierbeutel geben. Diesen fest verschließen und mit einem Nudelholz fein zerbröseln. Das Marzipan fein würfeln.

Alles in eine Schüssel geben und zu einer glatten Masse verkneten. Diese in eine mit Backpapier ausgelegte Springform (26 cm Durchmesser) geben und gut andrücken. Die Form in den Kühlschrank stellen.

Die Ananasscheiben in einem Sieb abtropfen lassen. 50 ml vom Saft und 3 Scheiben zum Garnieren beiseitegeben, den Rest in feine Stücke schneiden.

Die Gelatine nach Packungsangabe in kaltem Wasser einweichen. Die 50 ml Ananassaft und den Wein erhitzen. Achtung: Die Flüssigkeit darf nicht kochen! Die ausgedrückte Gelatine darin unter Rühren auflösen.

Den Quark mit dem Zucker und 2 Esslöffeln Ananassaft glatt rühren. Die abgekühlte Gelatinemischung unterrühren und alles kalt stellen.

Die Sahne steif schlagen und unter die leicht fest gewordene Quarkmasse ziehen. Alles auf dem Teigboden verteilen. Nochmals 2–3 Stunden in den Kühlschrank stellen.

Die Springform vor dem Garnieren entfernen. Die beiseitegelegten Ananasscheiben je nach Geschmack vierteln oder noch kleiner schneiden und die Torte damit verzieren.

Für ca. 12 Stücke:

Für den Boden:
100 g Butter
150 g Löffelbiskuits
150 g Marzipan-
   Rohmasse

Für den Belag:
1 Dose Ananasscheiben (Abtropfgewicht
   ca. 500 g)
8 Blatt weiße Gelatine
250 ml Weißwein
750 g Magerquark
150 g Zucker
400 ml Sahne

Rotweinkuchen

In unserem Bierkochbuch haben wir diesen Klassiker mit Bockbier gebacken. Aber mit Rotwein schmeckt er natürlich auch lecker.

Die Butter mit dem Handrührgerät auf höchster Stufe schaumig schlagen. Nach und nach Zucker und Vanillezucker und anschließend die Eier unterrühren. Das mit Back- und Kakaopulver vermischte und gesiebte Mehl portionsweise und abwechselnd mit dem Wein hineinrühren. Zuletzt die Nusskerne und die Schokolade unterheben.

Den Teig in eine gefettete Kastenform geben und glatt streichen. Auf der mittleren Schiene des auf 180 °C vorgeheizten Backofens etwa 1 Stunde backen.

Wenn an einem Zahnstocher, den man in den Teig sticht, nichts mehr kleben bleibt, den Kuchen aus dem Ofen nehmen und noch etwa 10 Minuten in der Form stehen lassen. Danach herauslösen und auf einen Kuchenrost oder Teller stürzen. Wieder umdrehen und erkalten lassen.

Für die Glasur die Kuvertüre im Wasserbad bei schwacher Hitze schmelzen lassen. Den Wein nach und nach unterrühren. Den Kuchen damit bestreichen.

Für 1 Kastenform von 30 cm Länge:

Für den Rührteig:
200 g Butter
200 g Zucker
1 Päckchen Vanillezucker
3 Eier (Größe M)
3 gestrichene TL Backpulver
3 TL Kakaopulver
250 g Weizenmehl
125 ml Rotwein
125 g gehackte Walnusskerne
100 g geraspelte Zartbitterschokolade
Fett für die Kastenform

Für die Glasur:
100 g Halbbitterkuvertüre
100 ml Rotwein

Mandeltorte

Trinken mögen wir süßen Sherry nicht so gern, aber als Zutat in diesem nordspanischen Klassiker ist er wunderbar.

1 Ei, 100 g Butter, Mehl und 20 ml Sherry zu einem Teig verkneten. In Frischhaltefolie einschlagen und für 1 Stunde in den Kühlschrank geben.

Mit dem Rest der Butter eine Springform (28 cm Durchmesser) einfetten. Den Teig dünn ausrollen, den Boden der Form damit auslegen und einen Rand hochdrücken.

Die restlichen Eier verquirlen. Den restlichen Sherry, die Mandeln, den Zucker und den Zimt untermischen und gut verrühren. Die Mandelmischung in die Form füllen.

Auf der mittleren Schiene des auf 200 °C vorgeheizten Backofens 60−70 Minuten backen. Wenn an einem Zahnstocher, den man in den Teig sticht, nichts mehr kleben bleibt, ist die Torte fertig.

Die abgekühlte Torte aus der Form nehmen und mit Puderzucker bestreuen.

Für ca. 12 Stücke:

7 Eier
120 g Butter
160 g Mehl
120 ml süßer Sherry
    (z. B. Cream)
500 g gemahlene
    Mandeln
400 g Zucker
1 TL Zimt
50 g Puderzucker

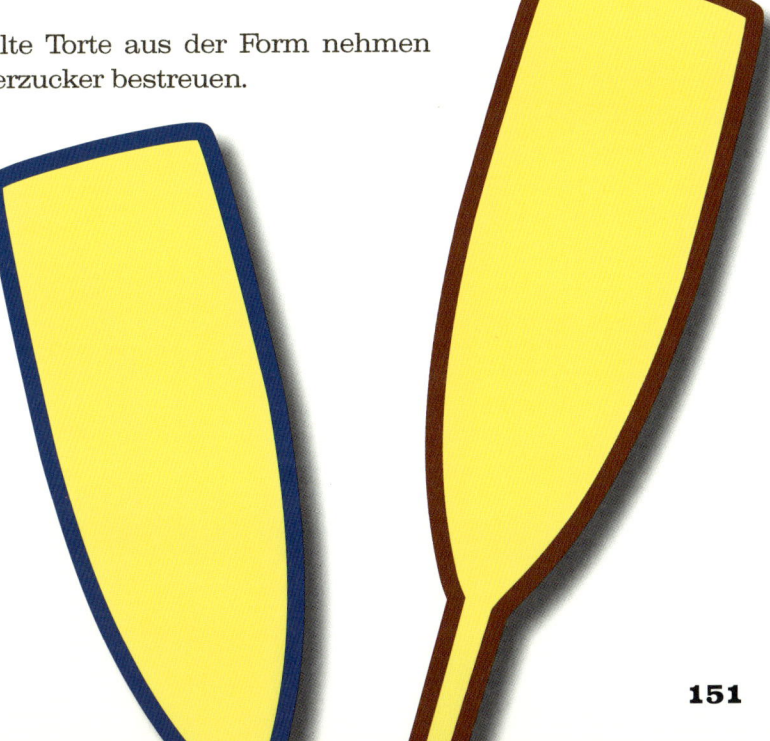

Wein-Nachts-Bäckerei

Ein leicht alkoholisierter Plätzchenteller hilft viel kopfwehfreier über Weihnachtsstress als der klassische Glühwein.

Weinillekipferl

Eine neue Note für den Klassiker.

Die Vanilleschoten längs halbieren und das Mark mit der Messerspitze in eine kleine Schüssel schaben. Den Wein darübergießen und alles verrühren. Abgedeckt mindestens 1 Stunde ziehen lassen.

Die Butter in Stückchen schneiden. Mit Mehl, Mandeln, Zucker und der Vanille-Wein-Mischung zügig zu einem glatten Teig verkneten. Den Teig in 4 Portionen teilen, zu je 2–3 cm dicken Rollen formen und in Frischhaltefolie wickeln. 12 Stunden in den Kühlschrank geben. Danach die Teigrollen in ca. 1 cm dicke Scheiben schneiden. Daraus Kipferl formen und auf ein mit Backpapier belegtes Blech legen. Auf der mittleren Schiene des auf 160 °C vorgeheizten Backofens ca. 12 Minuten backen.

Mit dem Papier vom Blech ziehen und noch warm mit Puderzucker bestäuben.

Für ca. 60 Stück:

2 Vanilleschoten
3 EL lieblicher Weißwein
220 g kalte Butter
300 g Mehl
100 g gemahlene
   Mandeln
70 g Zucker
100 g Puderzucker

Gretchen

Barbaras Mutter versorgte die ganze große Dickers-Familie mit köstlichen Weihnachtsplätzchen. Wir vermissen sie. Nicht nur deswegen.

Die Butter in Stückchen schneiden und schnell mit Mehl, Zucker, Wein und Zimt verkneten. Den Teig in Frischhaltefolie wickeln und für mindestens 2 Stunden in den Kühlschrank geben.

Danach ca. 3 mm dick ausrollen und daraus ebenso viele runde Plätzchen wie Ringe (in gleicher Größe) ausstechen. Auf ein mit Backpapier belegtes Blech geben und auf der mittleren Schiene des auf 175 °C vorgeheizten Backofens ca. 8–10 Minuten backen.

Mit dem Backpapier vom Blech ziehen und abkühlen lassen. Dann jeweils auf ein rundes Plätzchen etwas Apfelgelee streichen und mit einem ringförmigen Plätzchen bedecken.

Für ca. 40 Stück:

250 g Butter
300 g Mehl
100 g Zucker
2 EL Rotwein
1 TL Zimt
100 g Apfelgelee

Winzer Plätzchen

Die Linzer werden uns verzeihen …

Butter, Puderzucker und Vanillezucker mit dem Mixer schaumig rühren. Das Ei, die Gewürze und den Wein unterrühren. Dann mit den Mandeln und dem Mehl zügig verkneten. Den Teig in Frischhaltefolie wickeln und mindestens 2 Stunden in den Kühlschrank geben. Danach den Teig 3–4 mm dick ausrollen. Daraus runde oder blumenförmige Plätzchen ausstechen. Jeweils in die Hälfte von ihnen mit einem sehr viel kleineren Ausstecher Löcher in die Mitte stechen.

Alle Plätzchen auf ein mit Backpapier ausgelegtes Blech legen und auf der mittleren Schiene des auf 130 °C vorgeheizten Backofens ca. 8–10 Minuten backen, bis die Plätzchen sehr leicht gebräunt sind. Mit dem Backpapier vom Blech ziehen und abkühlen lassen.

Das Johannisbeergelee leicht erwärmen und mit dem Wein verrühren. Die Plätzchen ohne Löcher damit bestreichen. Die gelochten Plätzchen mit Puderzucker bestreuen und auf die Geleeschicht setzen.

Für ca. 30 Stück:

150 g Butter
50 g Puderzucker
1 Päckchen Vanillezucker
1 Ei
1 Prise Zimt
1 Prise gemahlene
  Nelken
1 Prise gemahlener
  Kardamom
1 TL Rotwein
150 g gemahlene
  Mandeln
150 g Mehl
150 g Johannisbeergelee
1 TL Rotwein
Puderzucker zum
  Bestäuben

Zimtsterne plus

Diese saftigere Weihnachtsklassiker-Variante ist die Idee der Mutter einer Schulfreundin von Hans. Als Ravensburgerin hat sie natürlich keinen badischen Wein verwendet.

Das Eiweiß steif schlagen. Den Puderzucker darübersieben und vorsichtig unterrühren. 1 Tasse davon für die Glasur beiseite- und kühl stellen.

Die Mandeln, den Zimt und den Wein unter den Eischnee mischen und alles schnell zu einem Teig verkneten. Zugedeckt 1 Stunde in den Kühlschrank stellen.

Dann den Teig ca. 1 cm dick ausrollen und Sterne ausstechen. Mit der Eiweißglasur bestreichen. Auf ein mit Backpapier belegtes Blech legen und über Nacht trocknen lassen.

Am nächsten Tag auf der mittleren Schiene des auf 160 °C vorgeheizten Backofens ca. 6–8 Minuten backen, sodass die Glasur noch weiß bleibt.

Für ca. 70 Stück:

5 Eiweiß
450 g Puderzucker
600 g gemahlene
   Mandeln
2 TL Zimt
2 EL Weißwein

Früchtebrot

Wir haben einige Sorten Wein ausprobiert und uns dann für einen schweren Rioja entschieden.

Das Dörrobst in kleine Stückchen schneiden, mit dem Wein vermischen und zugedeckt 24 Stunden durchziehen lassen.

Die Hasel- und Walnüsse hacken und mit dem Zimt vermischen. Die Eier mit dem Zucker schaumig rühren. Das Dörrobst, die Rosinen und die Zimtnüsse dazugeben, dann das Mehl und das Backpulver unterheben.

Alles gut vermengen und in eine gefettete Kastenform geben. Auf der mittleren Schiene des auf 170 °C vorgeheizten Backofens ca. 1 Stunde backen.

Für 1 Kastenform von
    30 cm Länge:

500 g Dörrobst
    (z. B. Feigen, Pflaumen,
    Aprikosen, Cranberries)
80 ml Rotwein
50 g Haselnüsse
50 g Walnüsse
2 TL Zimt
4 Eier
250 g Zucker
100 g Rosinen
250 g Mehl
1 Päckchen Backpulver
Fett für die Form

Getränke

Wein

Borretsch-Melonen-Bowle

Borretsch wird auch Gurkenkraut genannt. Aber so viel Gurkensalat, wie wir Borretsch im Gemüsebeet haben (der Dickers-Vater sagte immer: »Wenn der Borretsch erst mal da ist, kriegst du ihn nur mit Dynamit los.«), kann man nicht essen. Also ab in die Bowle damit.

Die Wassermelone halbieren und entkernen. Mit einem Löffel oder Eisportionierer kleine Kugeln aus dem Fruchtfleisch ausstechen und diese kalt stellen.

Das restliche Fruchtfleisch herauskratzen und in eine Rührschüssel geben. Den Borretsch waschen und trocken schleudern. Die Blätter grob hacken und zusammen mit dem Agavendicksaft in die Schüssel geben. Alles mit dem Schneidstab pürieren.

Das Püree in ein Bowlengefäß geben, Wein und Sekt aufgießen. Die Borretschblüten und die Melonenstücke dazugeben. Alles mindestens 2 Stunden kalt stellen.

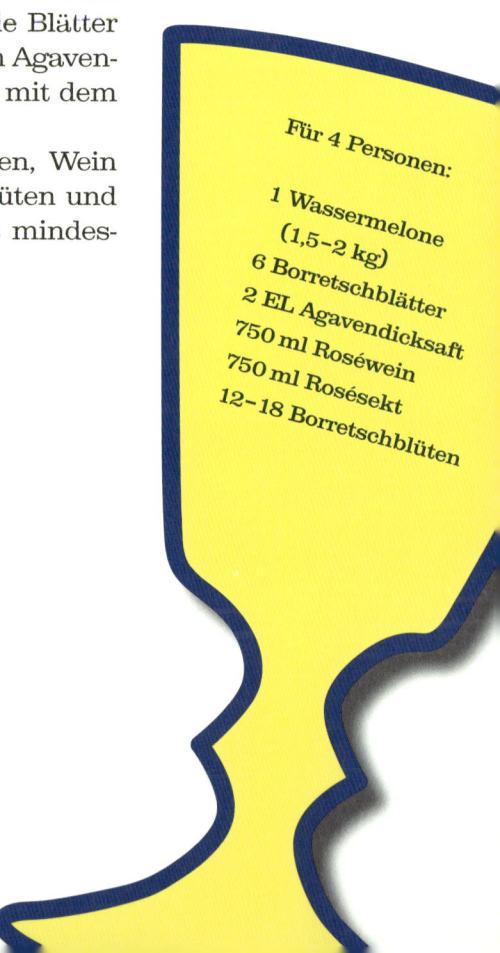

Für 4 Personen:

1 Wassermelone
(1,5–2 kg)
6 Borretschblätter
2 EL Agavendicksaft
750 ml Roséwein
750 ml Rosésekt
12–18 Borretschblüten

Sir Quincey

Wir lieben unseren Quittenbaum. Erstens wegen seiner schönen rosa Blüten, zweitens wegen seiner goldgelben Früchte und drittens, weil er uns zu diesem herbstlichen Longdrink inspiriert hat.

Den Ingwer schälen und in feine Scheiben schneiden. Den Rosmarin waschen, trocken schütteln und mit der flachen Seite einer Messerklinge etwas andrücken, sodass seine ätherischen Öle leichter austreten können.
In 4 Longdrinkgläser je 2 cl Likör gießen, mit je 60 ml gut gekühltem Sekt und Quittensaft aufgießen. In jedes Glas 2–3 Scheiben Ingwer und 1 Rosmarinzweig geben.

Für 4 Personen:

1 daumendickes Stück
    Ingwer
4 Zweige Rosmarin
8 cl Holunderlikör
    (ersatzweise Schlehen-
    oder Brombeerlikör)
240 ml Rieslingsekt
240 ml Quittensaft

Tipp: Der bürgerliche Bruder von Sir Quincey heißt einfach nur Quincey. Der Sekt wird bei ihm durch Wein, am besten einen Riesling, ersetzt.

Spanish Cream

Die ungewöhnliche Kombination hat sich als vorzüglicher Aperitif entpuppt. Hätte auch schon in unserem Bierkochbuch stehen können.

Zuerst den Sherry und den Orangensaft vermischen, dann das Bier aufgießen und kurz umrühren.

Für 4 Personen:

200 ml Sherry (Cream)
200 ml Orangensaft
200 ml Kristallweizen

Tipp: Als Gläser eignen sich sowohl Weißweingläser als auch Kölschstangen.

Export im Port

Wir haben lange gezögert. Der Versuch … er war es wert.

Den Portwein auf 4 Gläser verteilen, das Bier aufgießen und kurz umrühren.

Als Digestif oder zum Dessert.

Für 4 Personen:

300 ml Portwein
300 ml Exportbier

Ehrenrettungs-Sangría

Nein, Sangría sollte man nicht mit dem Strohhalm aus Eimern trinken. Nein, fertig kaufen soll man sie auch nicht. Und ja, mit gutem Wein und guten Zutaten ist sie ein stilvolles Party-Getränk.

Je 1 Orange und Zitrone waschen und in ca. 1,5 cm dicke Scheiben schneiden. In einem Glaskrug den Brandy mit dem Zucker verrühren, Orangen- und Zitronenscheiben sowie die Zimtstange dazugeben.
Die andere Orange und Zitrone auspressen. Den Saft ebenfalls in den Krug gießen. Mit dem Wein und dem Mineralwasser aufgießen. Den Krug zugedeckt für mindestens 4 Stunden in den Kühlschrank stellen.

Für 8 Longdrinkgläser:

2 unbehandelte Orangen
2 unbehandelte Zitronen
2 EL spanischer Brandy
1 EL Zucker
1 Zimtstange
1 l trockener Rotwein
   (z. B. Rioja)
500 ml Mineralwasser
   mit Kohlensäure

Nicht fehlen darf zum Schluss:

Der-beste-Glühwein-von-allen

Vergesst das Zeug, das man im Supermarkt kauft. Für einen guten Glühwein braucht es einen guten Wein und nicht zu viel Zucker. Und unseren Geheimtipp: einen Hauch Schärfe.

Die Orangen und die Zitrone waschen und abtrocknen. 1 Orange in ca. 1 cm dicke Scheiben schneiden. Die Schale der zweiten Orange und der Zitrone abreiben, den Saft auspressen. Kardamom und Pfeffer mit der breiten Seite einer Messerklinge andrücken. Zusammen mit den anderen Gewürzen und der abgeriebenen Schale in einen großen Teefilter aus Papier füllen. Den Beutel verknoten oder zubinden.
Den Wein in einen Topf gießen und den Gewürzbeutel dazugeben. Dann den Zitrussaft, die Orangenscheiben und den Kandiszucker dazu. Den Topf zudecken und alles bei milder Hitze 15–20 Minuten ziehen lassen.
Achtung: Der Wein soll nicht kochen. Vor dem Servieren den Gewürzbeutel entfernen.

Für 4 Personen:

2 unbehandelte Orangen
1 unbehandelte Zitrone
4 Kardamomkapseln
4 schwarze Pfefferkörner
5 Nelken
5 Pimentkörner
2 Kapseln Sternanis
1 Stange Zimt
1 l trockener Rotwein
50 g brauner Kandis-
   zucker

Weinmenüs

Grillabend mit Wein

Beim Grillen dominiert ja gemeinhin das Bier. Und als passionierte Bierköche sagen wir dazu nicht Nein. Es darf aber auch mal Wein sein.

Aber keine Bange! Wir schütten den edlen Rebensaft nicht übers Grillgut und damit in die offene Glut – was wir übrigens auch mit Bier nicht machen. Beim Grillen mit Wein zählen vielmehr würzige Marinaden und pikante Saucen. Und natürlich die passende Auswahl der Getränke.

Hier unser Vorschlag für ein mehrgängiges Grillmenü:

Bruscetta mit Sangioviesto (Seite 39)
Die werden zwar nicht gegrillt, aber überbrücken die Zeit als Appetithappen, bis die Glut so weit ist. Die Brotscheiben vorsichtig am Grill rösten und dann mit der Pestovariante bestreichen.

Träubchen-Salat (Seite 50)

Rindersteaks mit California-BBQ-Sauce (Seite 35)
Tipp: Rindersteaks grillen ist ein Kapitel für sich. Hier das Wichtigste in Kürze: Zum Wenden unbedingt eine Grillzange verwenden; sticht man das Fleisch mit einer Gabel an, verliert es zu viel Saft. Die Steaks nicht würzen! Gewürze verbrennen nur unangenehm auf dem Grill – außerdem gibt's dafür ja die köstliche Grillsauce.

Natürlich darf auch der fleischlose Teil beim Grillen nicht fehlen: Glut-Gemüse (Seite 127).

Und zum Abschluss eine erfrischende Süßspeise: Eiswein (Seite 140).

Für den Picknickkorb

Ein Picknick will wohlüberlegt zusammengestellt sein: Speisen, die sich leicht transportieren und gut auf einem unebenen Untergrund verzehren lassen. Sie sollten auch nicht gleich in der Sommersonne dahinschmelzen. Okay, die Rotweinbutter macht da eine Ausnahme, aber die ist so gut, dass wir dafür sogar den Aufwand mit Kühlakku oder -box in Kauf nehmen.

Wir packen in den Picknickkorb für 6–8 Personen: Riesling-Quark (Seite 41), Weißwurstsalat (Seite 26), Bunter Bohnensalat (Seite 45), Lauch-Muffins (Seite 13), Barolo-Buletten (Seite 21), Sardinhas Verdes (Seite 93) und Rotweinbutter (Seite 37), zum Nachtisch Zitronen-Wein-Schnitten (Seite 148) und Meißenknödel (Seite 139).

Dazu alkoholfrei z. B.: Bauernbrot (passt am besten zum Riesling-Quark und den Barolo-Buletten), Laugenbrezeln (zum Weißwurstsalat) und Weißbrot (zum Bohnensalat, zur Rotweinbutter und den Sardinhas Verdes).

Achtung: Don't drink and drive. In den meisten Picknickspezialitäten ist der Wein unverkocht enthalten. Zwar keine großen Mengen, aber selbst beim Fahrradausflug könnte man an die Promillegrenze stoßen.

Mediterraner Abend

Endlich Sommer, aber noch kein Urlaub. Wir bitten an einem lauen Abend zu Tisch auf der Terrasse oder im Garten und servieren Weinvariationen aus dem Mittelmeerraum.

Vorab kleine Häppchen: Oliven-Wein-Käse (Seite 42) und/oder Sangioviesto (Seite 39) auf Weißbrotscheiben sowie Sherry-Datteln im Speckmantel (Seite 24).

Dann Grands crus (Seite 30) und unsere Vitello-tonnato-Variante Rosetta tonnata (Seite 63).

Etwas Warmes braucht es noch, falls es abends kühler wird. Penne Primitivo (Seite 103) oder ein anderes Pastagericht wäre nun fein. Aber weil der Koch lieber mehr Zeit mit den Gästen verbringt, hat er eine Pizza Margarita di Montepulciano (Seite 112) vorbereitet, die schnell in den Ofen zu schieben ist.

Als Nachspeise (politisch vielleicht nicht ganz korrekt, aber süß und gut): Vindetta (Seite 137).

Asia-Menü

Für ein chinesisches Menü werden verschiedene Gerichte gekocht, die alle in die Tischmitte gestellt werden. Jeder Gast bedient sich nach Belieben und legt die einzelnen Speisen nacheinander auf sein Reisschälchen, denn der Reis ist die Grundlage für dieses Menü. Für vier Personen bieten sich fünf Gerichte an. Vier wären eigentlich auch okay, aber in China gilt die Vier als eine Unglückszahl. Gekocht wird im Wok – am besten in einem schweren gusseisernen – und mit einem hoch erhitzbaren Bratöl, z. B. Erdnussöl.

Zuerst kommen unsere etwas anderen Frühlingsrollen (Seite 20) auf den Tisch, dann ein Ost-West-Salat (Seite 47) und schließlich Szechuan-Hühnchen (Seite 85), Reis-Wein-Nudeln mit Krabben (Seite 95) und Sherry-Tofu (Seite 119).

Als Nachtisch gibt's in China Suppe oder Obst, wir empfehlen einen bunten Obstteller (ganz ohne Alkohol).

Und noch ein kleiner, aber wichtiger Tipp: Gute Vorbereitung ist beim Chinesischkochen das A und O. Alles, was sich schneiden oder marinieren lässt, vorher erledigen und für das jeweilige Gericht griffbereit platzieren, denn beim eigentlichen Kochen geht alles ganz schnell. Hilfreich ist es für weniger Versierte auch, einen zweiten Wok zu haben – und evtl. einen fleißigen Helfer, der das Gerät nach jedem Gericht schnell unter fließendem Wasser reinigt und trocknet.

Das klassische Sonntagsmahl

Suppe, Braten, Nachtisch – das war früher ein typisches Sonntags- und Festessen. Wir finden, das darf man auch heute noch servieren. Die Vitamine, die einst eher eine Nebenrolle spielten, dürfen aber nicht fehlen.

Wir servieren Zwiebelsuppe (Seite 57), dann einen Velt(liner)-Salat (Seite 44). Als Hauptgericht kommt Wild auf den Tisch: Rehgulasch mit Pfiff(erlingen) (Seite 80) und Spätzle und als süßer Schlusspunkt je nach Saison Rotweinerdbeeren (Seite 136) oder Trauben in Weinteig (Seite 145).

Register Wein

A

B

C

D

P

Q

R

S

T

U

V

W

Y

z